Paul Laraque : Éclaireur de l'aube nouvelle

Sous la direction de

Franck Laraque

Préface de

Josaphat-Robert Large

Paul Laraque : Éclaireur de l'aube nouvelle
Sous la direction de Franck Laraque

Couverture, conception typographique et montage :
Frantz Balthazar
balthafrantz@aol.com

Photos de la Couverture
Photo de Paul Laraque : Grégor Laraque
Photo de Marcelle Laraque : courtoisie famille Laraque

Trilingual Press
PO Box 391206, Cambridge, MA 02139-1206
Tél. (617) 331-2269
E-mail: Editors@tanbou.com

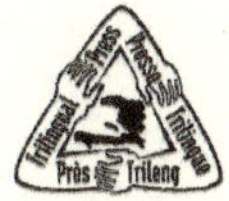

Une édition trilingue / Yon edisyon trileng /A trilingual edition

---

ISBN 10 : 0-9745821-5-8
ISBN 13 : 978-0-9745821-5-3

Library of Congress Control Number : 2009927433

Printemps / Prentan / Spring 2009

Imprimé / Enprime / Printed in the United States of America

J'aime vos poèmes et j'ai la plus grande foi en vous.
André Breton

*****

Paul Laraque est aujourd'hui l'auteur de ce qu'on peut appeler une œuvre poétique en français et en créole, lauréat du prix Casa de las Américas (1979) ; et parmi les combattants pour hisser Haïti au rang dont le peuple de ce pays ne finit pas de rêver... Ce qui s'accomplit sous nos yeux : parmi les ruines, dans la colère, au-delà des clivages et de la violence, de l'horreur économique conquérante, le miracle de l'amour et de la fraternité humaine.
Jean-Claude Charles

*****

A Toi, l'Humaine musique, le Souffle poétique et l'inaltérable sincérité qui imprègnent Ton Œuvre et ta Vie inséparablement liées.
Vents brûlants de tes souvenirs chauffés à vif en cris d'aube difficile à naître autour des flancs de ton île martyre.
Déchirure et vertige à souffle d'ailes tendues vers les vents du futur loin des aires marécageuses
tu nous parles du délire de la lune à saveur de fruit mûr
tu remodèles le songe des grands chasseurs d'étoile
l'élan fondamental de chaque seconde de vie à goût
d'éternité
Frankétienne

*****

Laraque carries on one of the most profound cultural and political traditions in the Americas, one in which poets are not amputated from the life of their people but serve their people's struggle in direct political ways.
Jack Hirschman

*****

La présence de Laraque - et de sa génération - dans l'ambiance créatrice de l'Amérique latine est une preuve irréfutable que l'isolationnisme séculaire, dont nos peuples de la Caraïbe ont tant souffert, se désagrège maintenant. La phrase d'Anthony Lespès clamant la tragédie des écrivains haïtiens, soumis à un sinistre silence, deviendra, jour après jour, plus lointaine : « Un géant dort dans le silence des collines d'Haïti ; son réveil sera terrible »
Nancy Morejon

*****

L'engagement dans le combat contre les mots et la lutte contre une histoire révoltante ne sont pas dissociables dans la poésie de ce soldat marron.
Maximilien Laroche

*****

Vous n'avez jamais renié ce que le marxisme a de plus généreux et incontournable.
Jacques Barros

*****

frères de soleil que rends amers l'absence de la mer
antillaise
chaude comme l'étreinte arborescente des chabines
frères de passion que les forêts d'ophite et les déserts
de neige
font parler à contre-saison le langage tranchant
des éclairs
frères de raison qui apprenez avec patience à dé-
chiffrer
les portulans et les grimoires
les plans les gènes et les disquettes
le temps des margoulins des catins des assassins
le temps de la compromission est bientôt fini
Guy F. Laraque

*****

Paul Laraque, Don Quichotte de la poésie, donne l'abrazo au Don Quichotte de la Révolution cubaine et reste lui aussi :

...fidèle
à la flamme folle de la raison populaire
et à cette Amérique
dont (Fidel) dessine le nouveau visage.

Franck Laraque

Remerciements

La famille de feu Paul Laraque : Danielle Laraque Arena, Max et Serge Laraque qui publient le présent ouvrage, Franck Laraque et ses enfants Grégor et Michèle tiennent à remercier vivement les amis qui ont apporté à Paul le réconfort de leur présence durant sa maladie, malgré les distances et difficultés de déplacement. En premier lieu sa petite fille Kisha et Caonabo, le fils de Bob Garoute qui ont vécu avec lui dans son appartement à Flushing. Puis les compagnons assidus de Paul : Gérard et Myrtha Pétrus, Serge Rameau (qui avait pris sur lui d'être l'assistant médecin de Paul) et son épouse Pierrette, Frantz Balthazar, Michelle Gayle, Gérard Smarth, Denizé Lauture, Yves René, Bob Garoute, Vicki Prepetit, Jaki Sangosse, Fritz Hogdson ; les visiteurs (de longue distance) Tontongi (Eddy Toussaint), gardien vigilant des écrits de Paul dans Tanbou, Jacques Élie Leblanc, Reine Bélizaire. La liste d'autres amis ou camarades qui lui rendaient visite de temps en temps est trop longue pour les citer tous. Remerciements également aux nombreux camarades qui ont bravé le mauvais temps et le périple pour venir se recueillir au parloir avec nous. Une pensée spéciale pour les organisateurs de « Voye Paul ale » à York College : Max Kénol et son épouse, Etienne Télémaque, Jean-François Avin, Jean Prophète, Frantz-Antoine Leconte et leurs organisations, sans oublier Sito Cavé, le grand messager venu d'Haïti ; les merveilleux artistes qui ont offert bénévolement leurs services : les virtuoses Alix (Bouyou) Ambroise (un de mes anciens étudiants à City College), Gilbert Défaille, Ricardo Frank, Bobby Raymond, les célèbres chanteuses Karline Keil et Rolande Coralin.

L'omniprésent Yves René a fait la vidéocassette de l'hommage de la Poetry House rendu à Paul de son vivant, de la veillée au parloir et de la célébration à York College avec l'assistance de Grégor Laraque.

Ce livre n'aurait pas vu le jour sans la persistance des efforts du professeur Frantz-Antoine Leconte, de Josaphat Large, le préfacier, et de l'ami-frère Max Manigat. Les lecteurs liront avec intérêt les vibrants témoignages rendus à Paul ainsi que l'émouvant reportage du Docteur Frantz Latour, dit Fanfan La Tulipe, des commémorations à Bowery Poetry (initiative de Danielle Laraque, de son époux Luigi Arena , de leur fils Marc, et de l'impayable Denizé Lauture) et au local de « Haiti Liberté » à l'initiative de Berthony Dupont, directeur de de ce journal.

Un abrazo spécial à Patrick Wah pour sa précieuse toile de Paul présente à la célébration du poète à York College. Patrick garde la mémoire du saisissant poème dédié à son père Bernard, alors « immobile dans la pirogue de la mort » par Paul dans « Thrène pour Bernard Wah ».

Pour terminer, il faut faire entendre la voix de Paul, vivante, bouleversante et reconnaissante dans son billet à lui-même :

Quand tu as la grâce

Quand tu as la grâce d'avoir une femme avec qui partager
le pain quotidien de l'amour
Quand tu as la grâce d'avoir vécu ta jeunesse dans ton pays
et ta famille
Quand tu as la grâce d'avoir rencontré André Breton en poésie
et Fidel Castro dans le domaine de la révolution
Quand tu as la grâce d'avoir un frère comme compagnon d'exil
et de lutte
Quand tu as la grâce d'être entouré de tes enfants, petits- enfants
parents et amis
Quand tu as la grâce d'avoir Jacques Hirschman pour camarade,
préfacier et traducteur
Quand tu as la grâce d'apporter ta contribution, si minime soit-
elle, à la culture de ton peuple
Quand tu as la grâce de croire que le poète est la conscience
du monde
Quand tu as la grâce de garder intact l'espoir que la liberté
régnera sur cette terre
- il est alors temps de rendre grâce à la vie

New York, le 25 octobre 1997

Préface

Il fallait être présent dans cet amphithéâtre de l'université York College si généreusement offert à l'homme de théâtre Max Kénol par le professeur Jean-François Avin le vendredi 30 mars 2007, pour assister au jaillissement de l'étincelle qui a fait naître l'idée de la création de cet ouvrage. Car cette belle tapisserie de pensées a en effet pris naissance au gré de cette idée, qui a lentement germé, et, après une brève période d'incubation, mûri ensuite, jusqu'à former cette réunion superbe de textes pour ce recueil d'hommages adressés au poète Paul Laraque. J'y étais. Ce qui m'autorise à retracer le parcours de l'étincelle d'abord, et à suivre ensuite les étapes de la germination de cette bonne et belle idée.

Sur les plateaux de l'amphithéâtre, micro en main, les incomparables représentants de la culture haïtienne à New-York, le professeur Etienne Télémaque et l'homme de théâtre Max Kénol, ont fait défiler aux yeux de l'assistance, les musiciens de Jazz Bouyou Ambroise, Gilbert Défaille, les professeurs Jean Prophète, Hugues Saint-Fort, Frantz-Antoine Leconte, le dramaturge Syto Cavé, le théoricien Daniel Huttinot, le superbe guitariste Ricardo Frank, la chanteuse Karline Keil, les docteurs Albert Chassagne et Serge François, l'ancien officier et diplomate Jean Gateau, le poète Denizé Lauture, l'actrice et chanteuse Rolande Coradin, et, bien sûr, Gérard Pétrus et Franck, frère de Paul.

Il faut insister sur le fait : c'est au cours des prestations des orateurs qui se succédaient sur le podium que s'est lentement formée la belle idée de la mise en forme de ce recueil. Le papier magistral du professeur Jean Prophète a par ailleurs été le déclic qui a fait jaillir l'étincelle. Ce texte montre en peu de mots la qualité de l'œuvre du poète, tout en parlant de la valeur morale de l'individu que fut Paul Laraque. En écoutant Monsieur Prophète, qui n'a pas bercé en soi l'excellent désir de jouir de la lecture de ses pensées dans une publication ultérieure ! La bonne analyse du linguiste Hugues Saint-Fort vint ensuite nourrir cette petite idée qui progressait alors dans les pensées de plus d'un. L'analyse en finesse du professeur Frantz-Antoine Leconte autour de l'œuvre de Laraque, l'arpentage du passé de la ville de Jérémie rafraîchi par le docteur Albert Chassagne, la charge d'émotions des poèmes d'Anthony Phelps, de Gary Klang et de Claude Pierre, les hommages en provenance des romanciers René Depestre, Jean Métellus et Lyonel Trouillot, lus par le dramaturge Syto Cavé, la voix gracieuse de Rolande Coradin, enfin, les messages en langue créole envoyés par Michel-Ange Hyppolite et les différentes branches des Sociétés Koukouy, firent le reste. Et puisque les bonnes et belles idées sont contagieuses, quand je m'en fus sur la scène pour lire les hommages de Gary Klang et de Tontongi de Boston, Max Kénol, un des maîtres de cérémonie, étonné en face du déroulement théâtral de la soirée, eut à me dire : « Mon vieux, il faudra qu'on fasse un recueil de ces textes, pour immortaliser en quelque sorte la mémoire du poète Paul Laraque ».

De fil en aiguille, le temps s'est mis à l'ouvrage. Le temps, avec sa lenteur mais aussi la sûreté de son cours, a travaillé à la germination de l'idée de Max Kénol. Et, il faut l'avouer, le dévouement de Denise, Madame Kénol, son empressement, ont hautement contribué au processus de ce magnifique travail du temps. Dès le lendemain du spectacle en effet, Max et Denise se dépensaient en appels téléphoniques, en courriels dans toutes les directions, pour consulter certains des auteurs dont les textes d'hommages avaient été lus et pour solliciter, surtout, une participation active des membres de la famille Laraque en vue de la mise en chantier de l'ouvrage.

Certes, on aurait pu trouver meilleur préfacier que moi pour accompagner ces écrits sous les yeux des lecteurs d'aujourd'hui et de demain. Seul le fait d'avoir été présent à la soirée de York justifie le choix de ma plume. Un contemporain de Paul Laraque, poète et ancien militaire comme lui, s'en serait tiré à meilleur compte. Mais les absents, une fois de plus, ont eu tort. Et j'espère sincèrement que, au bout de quelque temps, les lecteurs comprendront que le choix de ma personne ne tenait qu'au fil de la raison susmentionnée.

Fixé désormais dans une place enviable de l'histoire littéraire de notre pays, Paul Laraque nous laisse l'image d'un homme dont le profil pénètre dans la nuit des âges, sans tache, sans regret et la tête haute. Souhaitons que cette trajectoire existentielle finisse par servir de modèle à cette bonne partie de la jeunesse haïtienne hautement prise dans les filets de la corruption. Ces jeunes doivent le savoir, Monsieur Laraque a traversé le vingtième siècle haïtien avec la hauteur d'une pensée marxiste inébranlable, et s'est engagé, appuyé sur un âge avancé, au seuil du vingt et unième, avec les mêmes idées lumineuses et une force de caractère sans pareille. C'est alors que ces jeunes apprendront que cet homme, à chaque étape de sa trajectoire, se trouvait dans les rouages des institutions haïtiennes où la tentation vers la corruption est la plus élevée. Laraque en sortait toujours avec une réputation de militaire honnête, juste et sans parti pris dans ses jugements. À chaque fois qu'il mettait les clefs sous le paillasson, on le retrouvait aussi propre qu'au début, moins riche qu'avant et la conscience au clair.

Sur la terre d'exil, l'homme, encore lui, a choisi le professorat, avec le dessein en tête de transmettre ses connaissances à une jeunesse new yorkaise composée d'un fort pourcentage d'Haïtiens. Ici, la générosité du cœur participe au tissage d'un autre profil, sur la charte biographique de l'intellectuel. La solidité de la décision de ne pas dévier du marxisme, malgré l'émergence de la Pérestroïka en Russie, malgré la chute du mur de Berlin, voici un trait du caractère sur lequel il faut aussi se pencher, avec admiration. Il faut aussi être d'un commun accord avec les prédictions du théoricien que fut Laraque, à savoir que la libération du peuple haïtien ne peut avoir lieu qu'à la suite d'une lutte armée. D'autant que nous gardons la certitude que l'avenir prouvera un jour qu'il n'avait pas tort.

Mais, n'oublions surtout pas l'amoureux. L'étonnant constat de la dimension de l'amour de l'homme pour sa femme Marcelle, je l'avoue, ne cesse de me porter à croire qu'une vie ne peut être complète que si elle s'appuie sur la force d'un tel amour. Il n'y a pas mieux que tous les poèmes de Paul pour exposer au public la puissance de son amour pour Marcelle. Tout excès de débordement de mon admiration ne pourrait en faire autant. Il n'y a d'ailleurs pas de place dans cette préface pour ce genre d'épanchement. Mon rôle, je m'imagine, c'est de brosser, un petit peu, tous les aspects attachés à la figure de l'homme. C'est pour cela que je m'en vais parler, en quelques mots, de l'ami. Un incident entre nous est la piste que j'emprunterai pour le faire.

Un jour où je papillonnais dans la zone new yorkaise, je reçus chez ma fille un appel de Laraque qui me demanda de venir le voir dans son appartement. Il avait d'urgence besoin de moi. Grande a été ma surprise, quand, au cours de notre conversation, il me demanda de préfacer son recueil ***Lespwa***. Quel honneur pour moi : Il voulait d'un poème, en créole et d'un Jérémien. Quel honneur ! Je lui présentais, quelques jours plus tard, Zanfans nan Jeremi, le poème/préface réclamé. Le responsable du dossier avait cependant choisi de placer la préface à la fin de l'ouvrage, sans même mentionner, au début, le nom de son auteur. Au nom de notre amitié, Laraque avait confondu sa déception avec la mienne, mais, d'un commun accord, nous avions pris la décision de laisser l'ouvrage tel quel, d'autant que sa couverture jouissait d'une assez bonne présentation.

Dans sa préface à l'anthologie ***Figures d'Haïti, 35 poètes pour notre temps***, le critique Jacques Rancourt précise que Paul Laraque est le vrai surréaliste de la littérature haïtienne. Un poème du jeune Laraque écrit en 1946, tombé en ma possession dans un pli de documents précieux que m'avait donné en cadeaux l'ancien officier de l'armée haïtienne Guy Clérié avant de mourir, semble apporter une confirmation à la conclusion rancourtienne. En voici quelques vers :

Que ce soit la porte du tombeau
Où brûle le grand four
Il me faut les trésors qui luisent
Si j'ai laissé au soleil du chemin
Le paquet pantelant de mes beaux souvenirs
La bouche belle à terrasser une couleuvre
Il faut qu'une porte se ferme sur les pas de la peur

Ce qui étonne au premier chef dans ce poème écrit en mai 1946, c'est cette proximité avec la fin. Les vers comprenant « la porte du tombeau », « laissé au soleil mes beaux souvenirs » ne sont pas d'un auteur dans la fleur de sa jeunesse, mais d'un poète chevronné qui fait défiler ses images dans les miroirs du surréalisme. Et qui détient déjà toutes les clefs de son œuvre. Il faut aussi reconnaître que ce Laraque-là a assurément été lu par les Davertige, les Serge Baguidy Gilbert, les Serge Legagneur, pour ne citer que ceux-là.

Après le passage du rouleau compresseur du Duvaliérisme qui a aplati le champ des valeurs du beau pays natal, sur la terre de l'exil (la terre d'accueil étasunienne), le poète américain Jack Hirschman, en plus d'une fois, présente Paul Laraque comme l'un des meilleurs poètes marxistes d'Haïti. La production en langue créole de Paul, à son tour, a fait couler beaucoup d'encre. La Revue « *Tanbou* » de Tontongi et Patrick Sylvain porte cette production aux nues. Le temps est donc venu où il revient aux critiques le rôle de déchiffrer les appartenances échelonnées sur une production de plus d'un demi-siècle. Et cette diversité, il faut le prévoir, ne pourra que faire du bien à l'œuvre de plus d'une dizaine de livres que nous laisse en héritage l'écrivain Paul Laraque.

Pour terminer, je prends plaisir, une fois de plus, à parler de la dimension intellectuelle qui régnait dans cet amphithéâtre du York College, lors de la soirée d'hommages organisée pour le poète Paul Laraque, le vendredi 30 mars 2007. Dimension intellectuelle qui a fait jaillir, dans les pensées de Max Kénol, l'idée merveilleuse de la couture de cet ouvrage avec le fil des idées de tant de représentants importants de l'intelligentsia haïtienne. Enfin, comme une chorale sur le point de clore son spectacle, une dernière fois, Albert Chassagne, Jean Prophète, Daniel Huttinot, Syto Cavé, Etienne Télémaque, Frantz-Antoine Leconte, Hugues Saint-Fort, Max et Denise Kenol, Jan Mapou, Rolande Coradin, Bouyou Ambroise, joignent leurs voix à celles de Avin, de Jean Gateau, de Gérard Pétrus, du journaliste Emile Pierre, de Franck Laraque, de Gary Klang, de Lyonel Trouillot, pour dire un bel et dernier adieu à Paul Laraque, l'homme intègre dont la mémoire restera gravée en lettres poétiques dans nos cœurs.

Josaphat-Robert Large
New York, Avril 2007

Paul Laraque

poème pour toi

dans mes deux mains
je tiens le livre de la vie de Jacques Roumain
ton souffle soulève tes seins
C'est ta beauté qui bouge
et c'est le douloureux espoir humain
qui de l'enfer d'aujourd'hui sauve demain
Je songe à Guernica
je t'enlace je t'enlace
et que demeure la voix de Lorca
le vent à perdre haleine s'étend sur la mer

droite comme l'épée de la lucidité
ô poésie folle des toutes les jungles traversées
l'ombre s'épouvante de la torche de Césaire
et la parole de Paul Éluard
tranchant le nœud du mal
confère à la dignité de l'art
l'évidence du cristal

je te mêle à ce qui m'est cher
tu es le sang dans la chair
tu t'attristes et souris dans les yeux des paysans
et ils sont l'oxygène de l'air
quand ton regard porte la lumière
de nos plus grands ciels d'été

je pense à l'homme que j'ai été
les vagues de la vie l'ont emporté
je renais à la racine de ton désir

ne dis pas que je délire
nous passerons la frontière mandchoue
que ce soit au Viet-Nam ou au Congo
à Madrid ou à Santo-Domingo
que ce soit à Harlem ou au Cap-Haïtien
partout où la douleur comme un levain
fait gonfler notre colère
ah tonnerre de tonnerre
nous porterons la hache et el flambeau

ta lèvre est ma blessure
c'est le rouge de la première aurore
où agonisent les marchands d'or
le sang du peuple doucement bout
comme le cœur de l'eau à sa source
mais quand viendra le fleuve
rien n'arrêtera la marche des prolétaires
un soleil nouveau éclaire la terre

(*Les Armes quotidiennes*)

– I –
Connaître Paul Laraque et son œuvre

(Franck Laraque, Frantz-Antoine Leconte, Hugues St-Fort, Max Manigat, Frantz Latour)

Franck Laraque

Paul frère de soleil et camarade de lutte

Paul s'est éteint le 8 mars 2007. Depuis le décès de Marcelle son épouse bien-aimée, il désespérait de vivre et souhaitait la mort, mais son corps refusait de mourir. Cette résistance à la mort a duré bien des années et s'est écroulée après une longue lutte. Deux jours auparavant, impuissant et résigné j'ai assisté, je ne sais plus comment, avec ma fille Michèle, aux soubresauts de Pablo, devenu frêle, presque squelettique, se débattant dans les affres d'une longue agonie. Les larmes aux yeux, je lui ai lu certains de ses poèmes dédiés à Marcelle, à Jacques Roumain et à son pays. Dans l'espoir chimérique qu'il m'entendait et que sa poésie lui était d'un certain réconfort. Aragon a dit qu'on ne meurt pas d'une grande douleur mais il y en a dont on ne guérit pas.

La perte de ma femme Anne-Marie, de ma fille Marie-Hélène, de mon frère Guy assassiné sous Cédras, et de Paul, c'est comme une seule grande blessure au cœur. Leur courage face à la vie et au seuil de la mort, me donne la force de vivre, de poursuivre l'idéal d'une Haïti plus juste envers les masses et de célébrer aujourd'hui la vie et les œuvres de Paul avec les nombreux parents et amis réunis pour leur dire adieu. Deux commémorations ont eu lieu à cet effet. L'une le 15 mars à un parloir funèbre à Mount Vermon, et l'autre à York College, Queens. Ce 15 mars, malgré le mauvais temps et l'éloignement du lieu, des parents et amis, près de deux cents, se sont recueillis autour du cercueil pour célébrer une existence consacrée à l'amour de sa femme, de son pays, de l'humanité. Ils sont venus d'Haïti, de la Floride, de New Jersey, de Boston, de la banlieue de Manhattan réconforter la famille et surtout témoigner de leur inébranlable attachement à l'homme et à l'écrivain. Le 31 mars 2007, Max Kénol, Jean Prophète, Etienne Télémaque, Frantz Antoine Leconte et leurs organisations, la Section des langues étrangères de York College ont pris l'initiative de « voye Paul ale », comme l'a dit Jean Prophète, à York College, Queens. Ils ont fait appel à quelques uns de nos meilleurs artistes : Bouyou Ambroise, Ti Plume Ricardo, Carline Keil, Eddy Brisseau, dont la musique et les chansons ont ému et galvanisé l'assistance. Les témoignages de ceux qui ont pris la parole dans ces deux réunions font partie du collectif dont notre ami Josaphat Large a écrit la préface.

Mes enfants et Jean Prophète ont pensé qu'on négligeait l'enfance de Paul, sa générosité dans sa vie privée et sa carrière et qu'il m'incombait d'en parler. J'ai donc décidé de le faire.

Enfance à Jérémie

Pour moi, l'enfance est une période captivante qui se prolonge dans notre vie d'adulte plus longtemps que nous le croyons. Je suis persuadé que les faits de l'enfance influencent nos actes longtemps après qu'elle a formellement pris fin. Ainsi, me paraît-il que nos luttes corps à corps quand nous étions gosses ont continué jusqu'à nos 80 années passées sous la forme de discussions vives, de joutes intellectuelles qui m'ont mené au socialisme et Paul à un plus large concept de la liberté pour tous. Une dialectique qui a donné, à la demande de Paul, ***Haïti : La lutte et l'espoir***.

Au sujet de l'enfance je me pose parfois des questions troublantes. Jusqu'à quel âge la mémoire peut-elle remonter ? A ce propos voici ce que j'ai écrit dans mon article *« Les peuples ne désespèrent pas »* sur le livre passionnant d'Edgard Gousse ***Les Yeux de la Chair*** : « *Alcius, le protagoniste, veut les yeux de sa naissance pour la reconstituer intégralement. Un tour de force remarquable, car on est souvent à se demander quand commencent les souvenirs. A quel âge la mémoire se manifeste-t-elle clairement ?* » Par ailleurs, lorsque beaucoup plus tard on raconte son enfance, dans quelle mesure cette enfance est-elle refaite? Dans ***La Révolte dans le théâtre de Sartre*** nous avons soulevé la même réserve : « *On ne peut s'empêcher de sentir que l'enfance est refaite dans la pensée actuelle du biographe et que l'image est faussée au départ. Philippe Lejeune en dévoile un des mécanismes de transformation ou d'altération. Il prouve l'existence de la dictature de la dialectique sur l'ordre* *chronologique qui conduit à la violation du sens de l'événement dans* ***Les Mots*** *de Sartre.* » Mais Paul et moi n'avons pas ce problème. Nous suivons le cheminement adopté par Paul dans *Le Vieux nègre et l'exil* (***Œuvres incomplètes***) sans adopter le même ordre et tout en ajoutant des explications et d'autres faits : Jérémie, à l'époque, la destinée des petites voitures, la grève contre l'occupation (1929-1930), le partage de la même chambre de l'enfance jusqu'à son départ pour la rhéto à Port-au-Prince (à un moment, nous étions plus d'une vingtaine dans la même maison), la lecture dans le grenier de la vieille maison des Clérié de revues sur les films muets, des romans interminables d'Alexandre Dumas père, la danse dans les bandes carnavalesques (bandes de Bèdè et de Numéro Deux). Tout cela sous le sceau du secret, l'enfance créant son propre domaine qui exclut parents et adultes. Jérémie, ville isolée, que cernent l'océan et les montagnes. Ville de poètes et de héros. Ville des poètes, dit-on, avec un petit sourire oblique, et avec un peu plus de méchanceté : « Jérémie, ville des poètes qui parlent du soleil et de la lune ». Paul nous dit que non. Nous citons : « *La ville est une cathédrale que dominent les ombres de deux poètes : Etzer Vilaire témoignant du désastre moral d'une génération ; Edmond Laforest qui ne put survivre à la honte de l'occupation* » (p. 233-234) ; celui-ci s'est noyé dans un bassin avec deux gros dictionnaires au cou. Ville de grands poètes, disons-nous, d'une génération à l'autre : d'Etzer Vilaire et d'Edmond Laforest à Émile Roumer, Jean F. Brierre, Regnor Bernard, Fernand Martineau, Robert Lataillade, Roland Chassagne. De la génération d'Émile Roumer à celle de Paul et Guy Laraque, d'Hamilton Garoute, de Raymond Chassagne ; de cette génération à celle de Syto Cavé, Josaphat Large, Serge Legagneur, Jean Richard Laforest, René Philoctète, Jean-Claude Fignolé et Clotaire Saint-Natus.

Ville de héros :

Légende et vérité
les frères Mauclair
héros populaires
au yanqui coupent la tête
à la machette (p. 26)

Valcourt, trapu, un bloc de granit, au sourire triste. Lucien, géant au grand rire radieux, prennent le maquis, mais déguisés en marchands d'herbe rentrent chaque soir dans la ville qui, solidaire, ne les dénonce pas. Après l'occupation, Jérémie les traite avec respect et les admire mais sans leur rendre le grand honneur qu'ils méritent. Sans jamais chercher à savoir qui des deux frères menacés avait tranché la tête du soldat blanc qui les avait mis en joue. Papa, préfet, nous demandait, quand nous allions le voir à la préfecture, de saluer avec respect Valcourt qui était secrétaire. Des frères Mauclair nous passons aux cinq Jérémiens, Géto Brierre, Milo Drouin, Yvon Laraque, Marcel Numa et Guslé Villedrouin, qui font partie des treize héros de Jeune Haïti qui débarquent en Haïti et à coups de mitrailleuses et de grenades défient l'effroyable dictature, sèment la peur chez les macoutes et leur chef, François le couard. Drouin et Numa sont fusillés au grand jour au cimetière de Port-au-Prince. François Duvalier avait exigé la présence des écoliers et écolières et de ses partisans assoiffés de sang. Mais revenons à notre enfance.

La destinée des petites autos

Papa avait commandé de l'étranger deux petites voitures, pareilles, mignonnes comme tout avec leur couleur verte. Elles ressemblaient à des bibelots à ne pas toucher. Paul et moi étions émerveillés et ne savions comment remercier papa. On n'avait jamais vu de telles curiosités dans notre patelin. Elles étaient comme faites sur mesure. Après les avoir essayées dans notre cour, nous avons décidé de faire nos copains partager notre joie sur « le Carré-La-Place » face à l'église. Je ne me rappelle plus comment nous les y avions transportées. Je crois qu'on s'est fait pousser par des camarades. A notre arrivée sur la Place d'Armes, il s'est produit un attroupement de gosses dont certains étaient bien plus forts que nous mais qui entendaient tous conduire ces nouveautés. Elles n'ont pas tardé à craquer sous des poids trop lourds qui pédalaient avec rage. Elles n'étaient plus que carcasses dont les roues et essieux, pièces détachées, allaient être enfouis dans notre grenier en attendant d'être donnés, troqués ou vendus à vil prix. Notre gros chagrin n'a pas duré trop longtemps, entraînés que nous étions dans des activités épuisantes. Des activités comme le jeu de soldats marrons, le football avec une balle de tennis sur les terrasses de séchage de café de Nono Lavaud ou de mon parrain affectueux et bien-aimé Ti Tom Sansaricq, les batailles de chien, les bains de mer interdits par papa qui punissait notre désobéissance par des raclées sur les fesses. Il y avait aussi nos escapades dans les bandes de mardi gras, bande Baka de Bèdè ou la bande Numéro Deux qu'il fallait quitter à regret juste avant leur affrontement à coups de pierres et de bâtons.

La haine de l'occupation

Fin 1929 ou début 1930, nous étions à l'Ecole des Frères de l'Instruction Chrétienne, à Jérémie, quand papa à la tête d'un piquet de grève contre l'occupation et le gouvernement fantoche de Borno, nous a crié à tue-tête : « *Paul, Franck, sortez* ». Confus et tremblants, nous avons rejoints la grève puis nous nous sommes rendus chez Tonton Fernand Brierre (père de Jean Brierre), qui habitait en face de chez nous, gluer de minces drapeaux en papier bleu et rouge sur des morceaux de flèches de roseau pour les grévistes. Cette voix de papa et ces moments patriotiques ne sont jamais sortis de notre mémoire et ont influencé nos actions à venir. En effet, quelques semaines ou mois après la grève à Jérémie, me trouvant avec papa dans une voiture qui passait devant le Palais National, à Port-au-Prince, j'ai hurlé : « *A bas Borno, gros cochon !* ». J'ai participé à des manifestations contre l'embargo de Cuba, contre le renversement de Maurice Bishop, contre l'appui des différents gouvernements américains aux Duvalier, à Trujillo, aux Contras, à l'Apartheid de l'Afrique du Sud, contre la guerre du Vietnam, le renversement d'Allende. J'étais en faveur du retour de Président Aristide par nos propres forces et non par les troupes américaines. Invité à participer au congrès de la transition démocratique en Haïti en 1995, j'ai soutenu qu'une transition démocratique ne pouvait avoir lieu tant que les troupes étrangères occupaient Haïti. Paul a aidé à l'organisation de certaines de ces manifestations, dans sa poésie et ses articles a pris position contre la politique impériale des Etats-Unis, en solidarité avec les pays occupés. Il a protesté en tant qu'Assistant Chef d'état-major contre l'ingérence arrogante du Colonel Heinl dans les décisions de l'Armée haïtienne.

Autres souvenirs

Dès son jeune âge, Paul a montré un rare sérieux dans sa conduite et ses études. Il recevait toujours des médailles de récompense chez les Frères. Lorsque, par miracle, j'en recevais une, j'étais le premier à en être surpris. Ma chère Tante Didine m'appelait « un bon petit diable », le titre d'un livre de l'époque. Paul m'a encouragé à l'accompagner au grenier de la maison branlante des Clérié pour lire des romans et des récits de cinéma. Nous avons partagé la même chambre jusqu'à son départ pour Port-au-Prince. À un moment donné, nous dormions quatre dans une chambre. Quand papa a été nommé consul à la Nouvelle Orléans, maman et ses cinq enfants ont été hébergés par Tante Tidine et ses deux enfants qui habitaient dans une maisonnette à trois petites chambres et une galerie en terre battue, poussiéreuse en été qu'il fallait arroser de temps en temps, couverte de flaques d'eau lorsqu'il pleuvait. Nous n'avons jamais fait de différence entre la petite maison de Tante Tidine et la grande maison que nous occupions avant le départ de papa. Nous avons connu des hauts et des bas au gré des fluctuations du prix du café. Pourtant, un jour, une phrase de Jean Desquiron, revenu de France, nous est allée droit au cœur. Un dimanche après la messe, Jean nous a invités à nous rendre chez lui au haut de Bordes où il résidait en été. Comme il y avait une bonne distance à parcourir, en passant devant la maisonnette de Tante Tidine, nous l'avons invité à nous y arrêter pendant quelques minutes. En nous dirigeant vers elle, Jean nous a dit spontanément : « *Ça, c'est la maison du gardien.* » Nous avons répondu sans broncher que c'était la maison de Tante Tidine où nous logions temporairement. Arrivés chez Jean, nous avons vu une belle résidence à balcon avec plusieurs chambres spacieuses, située dans une immense cour plantée d'arbres fruitiers. Nous avons ensemble cueilli et dégusté des mangues, des amandes, dans la plus franche camaraderie. Impossible de raconter bien d'autres aventures intéressantes. Talonné par l'heure, il nous faut maintenant passer de l'enfance et de l'adolescence à la générosité de Paul.

Générosité de Paul

Il s'agit d'une générosité dans le sens d'aide financière et surtout de dévouement et de désintéressement. Paul appartient, à ce que mon frère Guy appelle après Bernanos « la race sacrificielle ». La générosité de la bourse et du cœur. Lorsque papa a perdu sa fonction de préfet, pour soulager la famille, Paul a pris notre jeune frère Guy, à sa charge. Il a aidé financièrement son parrain, chômeur permanent et bien d'autres parents et amis en difficulté. Plus tard, quand son nouvel ami, le poète René Bélance a perdu son emploi, Paul l'a hébergé chez papa comme un membre de la famille. Paul a plusieurs fois risqué sa carrière: il a défendu le colonel Villedrouin et le colonel Haspil traduits en justice pour des motifs de revanche et dont aucun militaire n'osait assurer la défense; il a menacé de donner sa démission quand François Duvalier a voulu révoquer des militaires innocents comme Garoute et Prépetit. Sous Kébreau, il avait donné sa démission, qui n'avait pas été acceptée, lorsque l'ignoble Jacques Laroche avait tenté de s'en prendre à moi et de m'empêcher de quitter Haïti dans le but de me persécuter. Utilisant sa notoriété d'écrivain, de modèle exemplaire, il a préfacé des recueils de jeunes poètes, écrit des articles en vue de faire connaître des hommes de lettres, patriotes, prolétaires qui se sont sacrifiés à la cause d'Haïti. Sa générosité s'est manifestée dans sa poésie dont nous mentionnons rapidement certains des thèmes principaux : l'amour, la liberté et la révolution.

Amour

Son amour pour Marcelle est presque légendaire. Il s'étend à toutes les femmes, particulièrement aux femmes des pays exploités. Pour montrer la force de son amour pour sa femme, il emprunte les mots de Breton : « *tel qu'entre deux êtres il* (l'amour) *s'élève à l'invulnérable* » et dans son propre poème créole : « *men lè lanmou ak renmen mele / dousè pase sa pa gen sou latè / ak libète / se sèl ki leve zonbi / se sèl lavi* ». Un amour qui traverse tous ses recueils en français ou en créole, car « une femme porte demain ».

Liberté

Ce thème est difficilement détachable des autres. Nous citerons des vers où il prend la première place.
En français :

Je te dis liberté
Et c'est un mot de paix
C'est un mot comme tracteur barrages engrais
Je t'amène par la main aux sources de la vie
(*une seule voie*)

En créole :

Lè ou grangou e pa gen manje
Pa gen libète
Lè ou travayè e ou pa gen tè
Pa gen libète
Lè ou ouvryie e ou lan mizè
Pa gen libète
Lè ou gen dyòl e ou pakap pale
Pa gen libète
(*libète*)

Révolution

Paul opine que la révolution pour la destruction des structures semi-féodales dominantes est indispensable. Quelle forme adoptera-t-elle ? Pacifique si possible, violente si nécessaire. Dans sa poésie, l'histoire à sa rescousse ou en bandoulière, il opte pour la révolution violente, nulle grande révolution ne s'est faite pacifiquement :

Partout où la douleur comme un levain
Fait gonfler notre colère
ah tonnerre de tonnerre
nous porterons la hache et le flambeau
(*poème pour toi*)

et sur les remparts de la nuit
nos baisers montent le siège de chaque village
(*le nouveau tam-tam*)

depi Kaonabo
jouk Tousen Louvèti
depi Desalin
jouk Peralt
depi Akao
jouk Kastro
tanbou loraj ap gwonde
(*Tanbou Libète*)

Si le capitalisme barre la route à la révolution pacifique, la révolution violente commande la permanence de la violence, destructrice de la liberté. On semble en arriver à une impasse, à un nœud gordien qui exige peut-être une solution nouvelle. Paul, partisan irréductible du socialisme, jusqu'au dernier souffle, tient à la liberté autant qu'à la révolution. Il écrit dans *Amour et Liberté* (2003, sa dernière publication) : « *les masses peuvent chasser les possédants du pouvoir par des élections, quand elles ne sont pas truquées, ou par la force des armes. Elles (les masses) sont les seules sources légitimes de tout droit et de tout pouvoir. La conscience de classe et des intérêts collectifs est plus forte que l'argent* ». Paul, dans sa vie et ses œuvres, n'a pas imposé. Il s'est efforcé de persuader, de convaincre. C'est pourquoi il n'a jamais rêvé d'être un leader, mais un guide, une lumière, une flamme. Une flamme que nous tiendrons toujours vivante dans l'interminable lutte pour les droits économiques et politiques de tous. Sa fidélité à toute épreuve à la terre natale se traduit dans un vœu légitime:

> Si je meurs en exil
> Les courants sous-marins m'emporteront aux rives natales
> Où mon fantôme invincible aux balles
> Se mêlera aux hommes et aux femmes de mon île
> (*Fidélité*)

(*Franck Laraque est Professeur émérite, City College, New York*)

Frantz-Antoine Leconte

Paul Laraque : l'instrumentalisation de la littérature

Haïti, espace réel, mythique et tragique peut être décrit difficilement. Les idées et les schèmes de pensée associés à sa description découlent de création de démiurges, d'images hallucinantes, désespérées et inouïes. Le paysage culturel nous dévoile « un foisonnement d'images, de symboles, de tentatives d'évasion, de créations poétiques, chorégraphiques, musicales, d'idées qui se veulent dynamisantes, de mensonges : nous vivons, nous baignons dans les mythes. « *Nous devons prendre en considération ces assertions d'un économiste qui ont été reproduites.* » (Max Dominique,1988). Mais, c'est aussi vrai que l'expérience mythique se fait aussi mystificatrice. Cependant, Paul Laraque, le poète, créateur, bâtisseur et organisateur de rêves, a choisi plutôt une démarche singulière, voire, paradoxale, celle de remythifier sa tentative, laquelle se présente par une poignante et vive énumération de l'envers et de l'endroit des choses, une véritable panoplie qui semble illustrer les contradictions et contrastes, c'est à dire les amalgames du no man's land haïtien.

Les cogitations ne visent qu'à cerner en un véritable tour de force les épineux problèmes de l'univers haïtien, du très complexe quotidien de notre collectivité. Et, même au niveau de ce langage particulier, nous relevons un mécanisme de désintégration et de reformation qui aboutit non à une récréation, mais plutôt à une recreation, une sorte de merveilleuse reconstruction qui manifeste une efficacité communicative remarquable autant que poétique qui sert à décrire un monde pourtant paralysé par un déficit de communication historique. Paradoxalement.

En effet, c'est à travers un réseau de signes et de symboles que s'accomplit un désengagement objectif qui permet une distanciation, un recul, ou un regain de lucidité analytique qui conduit bientôt à un réengagement dans la reconstitution du passé et de l'histoire, ce défilé d'épisodes évanescents et pourtant traumatisants de notre lourde vie de peuple. Guignol, vocable qui évoque le théâtre de marionnette projette une image qui transcende la mission du théâtre de la cruauté (Antonin Artaud,1938). Beaucoup plus que le choc initial qui pourrait provoquer la catharsis, les puissantes évocations de ce théâtre de pantins ressuscitent le passé d'horreur qui se prolonge dans un présent pas plus généreux et qui annonce un futur non moins catastrophique. Ces scènes de cabotinage ne composent qu'un circus maximus qui pullule de clowns, de masques porteurs et facteurs d'une turbulence homicidaire, génocidaire et surtout de nature séculaire. Tous les mouvements et agitations vont dans le même sens. Ils évoquent l'oblitération d'un milieu déjà condamné à l'immobilité paralysante de l'horreur permanente, une sorte de bazar du bizarre.

Haïti, véritable île du baron samedi, n'est qu'un monde victimisé et submergé par un déferlement incessant : le carnaval, l'arène, l'abattoir, le zoo, la corruption de l'exogène, la cruauté de l'indigène, l'impuissance des dieux tutélaires, les religions et leurs spoliateurs, la Sainte famille et ses démons, une cruelle tauromachie, les misères du peuple, un pays qui porte sa croix et qui semble faire une descente permanente en enfer et, pour un grand nombre de citoyens lucides, attachés à la terre natale d'une façon viscérale, l'errance et l'exil irréductibles. Tout cela compose une ronde infernale, une atmosphère de danse macabre haïtiano-haïtienne, mais, dominée par l'ombre menaçante d'une impitoyable puissance tutrice.

Comme dans un kaléidoscope défilent dans ***Œuvres Incomplètes*** « *Le pays du grand guignol* » de puissantes et terrifiantes évocations qui caractérisent cette Haïti autrefois chérie :

Le cirque et ses clowns
le théâtre et ses marionnettes
le carnaval et ses masques
le zoo et ses singes
l'arène et ses taureaux
l'abattoir et ses bœufs noirs
le yankee et la roue de l'argent
l'indigène et la roue du sang

le vodou et ses grands dons
la sainte famille et ses démons
le peuple et ses malheurs
l'exil et ses sauveurs
sans foi ni loi
Haïti et sa croix Haïti en enfer
au nom du père
du fils
et du zombi

Ce texte à charge est d'un écrivain doué qui condamne les gens de ce pays afin que le pays devienne un jour libéré et exonéré. Il parle de cauchemars afin qu'il se réveille et de la fin pour qu'il puisse renaître.

C'est une illustration réussie, parce que en un sens, c'est aussi une récupération de l'histoire, d'une histoire tragique qui pèse de tout son poids sur le présent et qui corrompt déjà l'aube du devenir collectif. C'est aussi, il faut l'avouer, l'œuvre d'un travailleur de la mémoire qui s'est élevé contre ce concours d'atrocité, ce championnat d'horreur et cette tentative de réification qui ont permis 1492, le plus grand génocide de l'histoire (Frantz-Antoine Leconte,1996). Je ne dirai pas grand chose concernant 1915. Sa conviction contre l'occupation américaine est notoire. C'est un contemporain capital qui a fait entendre sa puissante voix contre les dernières dictatures, qui sait passer par le prisme de la poésie pour exprimer le prosaïsme aliénant d'un espace condamné à une transhumance désespérée ; un contemporain capital qui communique des pulsions patriotiques, des intentions, des vœux qui se muent surtout en une véritable vocation, celle de rebâtir la cité avec plus de courage, de candeur, de générosité et d'humanité.

Bibliographie

Artaud, Anthonin. *Le théâtre et son double*, 1938.
Dominique, Max. *L'arme de la critique littéraire*. CIDHICA, Montréal,1988.
Laraque, Paul. *Œuvres incomplètes*. CIDIHCA, Montréal, 1999.
Leconte, Frantz-Antoine. *1492, Le viol du nouveau monde*. CIDHICA, Montréal, 1996.
Hubert, Marie-Claude. *Les grandes théories du théâtre*. Armand Colin, 1998.

Hugues St-Fort

Se souvenir de Paul Laraque

Avec Paul Laraque disparaît celui que je considère comme la conscience d'Haïti dans la diaspora. En fait, j'aurais du écrire l'autre moitié de la personnification de la conscience d'Haïti dans la diaspora. Car ils sont deux. Deux frères : Paul et Franck Laraque. Leur dernier livre s'intitule ***Haïti : La lutte et l'espoir*** publié en 2003. Et ce titre résume ô combien leur trajectoire dans l'exil. Une trajectoire nourrie par la foi dans le mouvement patriotique haïtien et l'espoir jamais éteint dans la victoire finale. Paul, en tant que poète, représentait la flamme et la passion de cet espoir jamais éteint. Franck, en tant qu'universitaire, représente (puisqu'il est toujours avec nous) le côté sage, raisonneur, explicite du couple qui se complète donc à la perfection. Ils ont marqué la longue lutte de la diaspora haïtienne à New York au cours des années 1969-1970 jusqu'au milieu des années 1980. Je dois dire que je ne les ai pas connus durant cette époque dite « héroïque » car je vivais alors de l'autre côté de l'Atlantique. J'ai fait leur connaissance grâce à des amis communs chez Paul justement au début des années 2000. Depuis, j'ai essayé de revoir Paul aussi souvent que je le pouvais dans son appartement de Flushing, même si cela s'avérait parfois fort difficile.

La vie de Paul Laraque aura été marquée par trois caractéristiques essentielles : le marxisme, la poésie et l'amour. Le marxisme constitue le socle théorique de sa réflexion sociopolitique. Paul a cru au marxisme et à ses enseignements jusqu'à la fin de ses jours, même après l'implosion de l'Union Soviétique et la disgrâce du communisme à travers le monde. Mais il n'a jamais été pour lui dogme qu'il fallait suivre aveuglement. Paul Laraque a dit clairement qu' « il ne saurait y avoir de transposition mécanique des révolutions soviétique, chinoise, cubaine ou sandiniste à la situation d'Haïti ». Par exemple, dans la pensée marxiste classique, l'alternative à une société fondée sur l'exploitation et divisée en classes est la mise en place d'une autre société où les moyens de production deviennent propriété commune. Dans cette société, les classes auront disparu et avec elles le besoin d'établir un appareil d'Etat qui fonctionne dans la réalité comme l'instrument du pouvoir au service des classes dominantes. Pour Paul Laraque, « *en Haïti, le problème des classes se complique de la question de couleur... Les grands propriétaires fonciers, maîtres des campagnes et les gros commerçants haïtiens, maîtres des villes, avec la complicité active des capitalistes étrangers, maîtres du pays, se sont tour à tour servis de la question de la couleur pour masquer la lutte des classes, pour retarder la prise de conscience de classe des travailleurs et se partager ainsi les privilèges économiques que procure le pouvoir politique* ». Dans ces conditions, la problématique de la lutte des classes en Haïti devra impliquer que la question de la couleur agitée si souvent dans notre histoire comme essentielle soit subordonnée à la question de la lutte des classes qui deviendra « *le moteur de la révolution qui devra balayer tous les exploiteurs (blancs, mulâtres et noirs)* ».

Marxiste jusqu'au bout des ongles, Paul Laraque s'est servi de la méthode de Marx pour examiner les grandes questions sociales haïtiennes : le préjugé de couleur, l'exclusion sociale, le mépris de la langue créole, le rôle du vodou comme élément de la richesse culturelle d'Haïti.

La poésie constitue la deuxième constante de la vie de Paul Laraque. Il a été récompensé par l'attribution du Prix Casa de las Américas en français pour ***Les Armes quotidiennes / Poésie quotidienne*** en 1979 à la Havane. Paul Laraque a écrit que « *la poésie est affaire de vie et de mort* ». Car la poésie est sœur jumelle de la révolution. Il appartient à une lignée de poètes qui ont pratiquement disparu de la scène mondiale, Pablo Neruda, André Breton, Louis Aragon... qui faisaient de la poésie leur raison de vivre et qui auront lié « à jamais poésie, amour et liberté ». Paul Laraque croyait de tout son cœur en la poésie qui pouvait « transformer le monde et changer la vie ». En 1999, les éditions CIDIHCA à Montréal ont rassemblé tous les recueils de poèmes qu'il a écrits en français sous le titre ***Œuvres incomplètes*** et en 2001, les Editions Mémoire à Port-au-Prince ont rassemblé tous les poèmes créoles qu'il a écrits sous le titre ***Lespwa***.

Troisième caractéristique essentielle de la vie de Paul Laraque : l'amour. L'amour d'Haïti et de la Caraïbe, certes, mais surtout l'amour de sa femme, Marcelle, dont la disparition en novembre 1998 le laissa inconsolé. Il ne se remit jamais tout à fait de cette perte qui devint pour lui une obsession. Voici ce qu'il écrit dans les dernières pages de ***La lutte et l'espoir*** :

Malgré l'affection et la solidarité, je demeure l'inconsolé
Je m'accroche à Marcelle pour me sauver du naufrage et pour mourir, comme elle, dans la dignité.
La parole d'abord, puis, peu à peu, l'écriture m'aident à évoquer ta présence.
Parler de toi, c'est presque te parler.

La dernière ligne du livre est cette phrase incroyablement belle de simplicité, de calme et d'espoir. La voici :

Je verrai toujours ton visage au bout de la nuit, annonçant l'aube de la vie nouvelle.

Max Manigat

Un géant vient de nous quitter : Paul Laraque (1920-2007)

Nous célébrons aujourd'hui le passage parmi nous d'un géant de la lutte en faveur des « damnés de la terre », d'une étoile de première grandeur des lettres haïtiennes. Paul Laraque s'est éteint, ce 8 mars 2007 à 5 heures du matin, après une longue maladie. Sa vie fut un modèle de droiture, de conviction socialiste et d'attachement à sa famille, à ses amis, à ses sœurs et frères exploités.

Qui l'a connu ne peut s'empêcher d'admirer son courage dans la défense de ses idées. ***Camourade***, s'intitule l'un de ses recueils : camarade et amour, ses deux passions.

A l'heure où le capitalisme parfois sauvage continue à être la seule voie de développement accepté après la déconfiture d'un socialisme mal géré, Paul a proclamé jusqu'à son dernier souffle le droit inaliénable du peuple des travailleurs, à la terre, au pain, à l'eau, à l'instruction, au gîte, aux soins de santé gratuits dans un système de production contrôlé par eux. Utopie pour certains mais vérité première pour cet ancien officier hors pair d'une défunte armée d'Haïti, dans sa majorité, brutale et corrompue.

Dire adieu à cet ami exceptionnel nous attriste mais pas outre mesure car son œuvre littéraire et son souvenir demeurent. Demeure aussi le modèle qu'il a représenté : homme de conviction à l'engagement total, sans concession, dans un combat dont il savait qu'il ne verrait pas l'issue.

A ses enfants, Max, Danièle, Serge, à leurs épouses et époux, à son « frère de soleil », mon ami fraternel Franck, son alter ego en qui vivront ses idéaux de justice sociale, à ses petits-enfants, ses nièces et neveux, à ses nombreux camarades et compagnons de combat, Nicole, Claude et moi disons : nous partageons votre peine mais il nous réconforte de savoir que beaucoup continueront à suivre le chemin que lui, l'éclaireur, a tracé.

Paul, camarade au grand cœur, poète révolutionnaire auteur de ***Les Armes quotidiennes / Poésie quotidienne***, défenseur des humbles et de leur culture, vir bonus : merci d'avoir cheminé avec nous.

(*8 mars 2007*)

Frantz Latour

Haïti : gerbe du souvenir et d'amitié pour Paul Laraque

Ce 21 septembre 2008, Paul Laraque aurait eu une quatre-vingt-huitième récolte d'étincelants vers ciselés au délicat burin d'une merveilleuse inspiration célébrant, encore et encore, encore et toujours, l'amour, la liberté et la révolution, s'il n'était parti, trop tôt pour ceux qui l'aiment tant, vers les rivages lunaires, froids et déserts de notre mythique Guinée. Paul Laraque, né le 21 septembre 1920 aurait pu souffler sur ses quatre-vingt huit lumineuses bougies pour éclairer la ronde fraternelle des parents et amis venus célébrer avec lui la vie et l'espoir d'un monde plus solidaire.

C'est Berthony Dupont, directeur du journal *Haïti Liberté*, camarade proche de Paul qui a eu l'idée généreuse de commémorer l'anniversaire de naissance de Paul Laraque et qui me l'a communiquée ainsi qu'à Franck, le frère de Paul. Dès lors a commencé à tourner le caroussel d'une heureuse rencontre entre parents, amis et admirateurs. C'est avec grand plaisir, joie et respect qu'on s'est mis en train pour venir dire à l'ami Paul, à notre frère Paul, par delà l'éternité, notre attachement à toutes ces valeurs de bel humanisme et de pure générosité qu'il a incarnées, qu'il a représentées et continue de représenter pour sa génération, celle des plus jeunes et celles à venir.

Aussi, ce dimanche 21 septembre écoulé, jour anniversaire de naissance de Paul, en début de soirée, nous étions un peu plus d'une cinquantaine dans la petite salle de conférence du journal *Haïti Liberté*. Nous étions venus nous asseoir autour de la mémoire de Paul, autour des principes de rectitude morale et de fidélité au socialisme qui ont été les lignes directrices de sa vie, sans oublier Marcelle, ce croissant de lune dans le ciel de la toujours renaissante féérie de l'accouplement des corps, Marcelle-femme-amour-merveille-floraison d'éternelles saisons amoureuses, miracle sans cesse renouvelé, souveraine des sables de l'exil / et des quatre saisons.

Danielle Laraque Arena, la fille de Paul, a été la première à saluer « Papa » dont elle a rappelé la fidélité à une lutte infatigable pour l'émergence d'une Haïti où le pain serait partagé, l'avenir plus prometteur pour ceux et celles qui contribuent à donner au pays sa force de résistance dans le malheur. Elle a encouragé à « continuer la lutte », celle pour laquelle étaient voués toute entière la poésie et les écrits de « Papa ». Marc Arena, le fils de Danielle, a pour sa part contribué à renforcer le petit cercle de famille présent en récitant deux poèmes de son cru. De toute évidence, les gènes poétiques ne se sont pas perdus durant ce voyage des chromosomes du grand-père au petit-fils.

Plusieurs poètes étaient au rendez-vous, comme on pouvait s'y attendre, les uns aussi talentueux et émouvants que les autres : Paul Tulcé, Tony Leroy, Josaphat Large, Claudel Loiseau et Denizé Lauture. Parfois inspirés par Paul, parfois puisant à la source de leur propre inspiration, ils ont communié avec les amis dans ce bel et généreux élan de devoir de mémoire, particulièrement en cette date du 21 septembre, date anniversaire de naissance de Paul. Bob Garoute, un intime de Paul, pour sa part, a parlé de l'homme : entier, sans détour aucun, d'une générosité à nulle autre pareille. Le trait d'union, pour ainsi dire, entre les poètes et Garoute, a été la voix de Jocelyne Gay. Timide au tout début, comme Garoute du reste, elle s'est laissée emporter par son naturel en nous chantant une de ses compositions qui tombait à pic pour l'occasion et dont le refrain disait : *fòk nou selebre, jou nou va rive*.

Franck le frère d'exil de Paul n'avait pu faire le voyage du lointain Colorado jusqu'à New York. Il avait toutefois fait parvenir un texte « *Paul frère de soleil et camarade de lutte* » qui a été lu par Bernier Achille, du staff du journal, en l'absence de Tontongi qui lui non plus n'avait pas pu rejoindre la famille des poètes, parents et amis proches de Paul. Franck, a évoqué cette « seule grande blessure au cœur » qu'a été la perte de sa femme Anne-Marie, de sa fille Marie-Hélène, de son frère Guy sous Cédras et de Paul. Il a rappelé « leur courage face à la vie et au seuil de la mort [qui lui] donne la force de vivre, de poursuivre l'idéal d'une Haïti plus juste envers les masses et de célébrer aujourd'hui la vie et les œuvres de Paul avec les nombreux parents et amis réunis pour lui dire adieu ».

L'enfance à Jérémie est le premier tableau des réminiscences de Franck. Il évoque l'enfance, cette « période captivante qui se prolonge dans notre vie d'adulte plus longtemps que nous le croyons ». Malgré une « question troublante : Jusqu'à quel âge la mémoire peut- elle remonter ? », Franck se rappelle bien « Jérémie, la destinée des petites voitures, la grève contre l'occupation (1929-1930), le partage de la même chambre de l'enfance jusqu'à son départ [de Paul] pour la rhéto à Port-au-Prince (à un moment, nous étions plus d'une vingtaine dans la même maison), la lecture dans le grenier de la vieille maison des Clérié de revues sur les films muets, des romans interminables d'Alexandre Dumas père, la danse dans les bandes carnavalesques (bandes de Bèdè et de Numéro Deux) ». Autant de gamineries, d'adolescenteries si je peux dire, et d'espiègleries que partageaient les deux frères et qui allaient les souder l'un à l'autre jusque sur les sables de l'exil.

Jérémie, pour Paul et Franck, comme pour tous les Jérémiens du reste, c'est la « ville de grands poètes, d'une génération à l'autre », et pour quelques médisants, la « ville des poètes qui parlent du soleil et de la lune ». Mais, bien plus tard, Paul allait rendre à Jérémie (et à ses poètes) ses titres de majestueuse grandeur : « la ville est une cathédrale que dominent les ombres de deux poètes : Etzer Vilaire témoignant du désastre moral d'une génération ; Edmond Laforest qui ne put survivre à la honte de l'occupation. » Terrible destin pour ce digne Laforest qui « s'est noyé dans un bassin avec 2 gros dictionnaires au cou ».

« Jérémie, ville des héros :
Légende et vérité
les frères Mauclair
héros populaires
au yanqui coupent la tête
à la machette »

Des frères Mauclair, Franck n'a pu résister à une plongée dans les profondeurs d'une histoire plus récente, évoquant la « ville des cinq Jérémiens Géto Brierre, Milou Drouin, Yvon

Laraque, Marcel Numa et Guslé Villedrouin, qui font partie des 13 héros de Jeune Haïti qui débarquent en Haïti et à coups de mitrailleuses et de grenades défient l'effroyable dictature, sèment la peur chez les macoutes et leur chef, François le couard. Drouin et Numa sont fusillés au grand jour au cimetière de Port-au-Prince ».

Vite, Franck est revenu aux souvenirs, à « la destinée de deux petites voitures, pareilles, mignonnes comme tout avec leur couleur verte… Paul et moi étions émerveillés… Après les avoir essayées dans notre cour, nous avons décidé de faire nos copains partager notre joie sur "le Carré-La-Place" face à l'église… Elles n'ont pas tardé à craquer sous des poids trop lourds qui pédalaient avec rage ». Quoique très jeunes, Paul et Franck avaient été initiés par Papa aux manifs de grève à Jérémie, contre Borno. Même, après la grève de Jérémie, Franck, passant devant le Palais national, en voiture, avec son père, avait crié : « *A bas Borno, gros cochon.* » C'était déjà une préfiguration des manifestations à venir plus tard, à l'âge adulte, et surtout à l'âge de l'exil. Et combien d'autres souvenirs !

Un autre aspect de la participation de Franck à cette rencontre du souvenir a été son évocation de la « générosité de Paul. Il s'agit d'une générosité dans le sens d'aide financière et surtout de dévouement et de désintéressement… la générosité de la bourse et du cœur… il a défendu le colonel Villedrouin et le colonel Haspil traduits en justice pour des motifs de revanche et dont aucun militaire n'osait assurer la défense… Sa générosité s'est manifestée dans sa poésie dont nous mentionnons rapidement certains des thèmes principaux : l'amour, la liberté et la révolution.

Son amour pour Marcelle est presque légendaire. Il s'étend à toutes les femmes, particulièrement aux femmes des pays exploités. L'amour entre deux êtres [qui] s'élève à l'invulnérable (Breton). Le thème liberté est difficilement détachable des autres :

Lè ou grangou e pa gen manje
Pa gen libète

« Paul opine que la révolution pour la destruction des structures semi-féodales dominantes est indispensable. Quelle forme adoptera-t-elle ? Pacifique si possible, violente si nécessaire :

Partout où la douleur comme un levain
Fait gonfler notre colère
ah tonnerre de tonnerre
nous porterons la hache et le flambeau »

« Paul, partisan irréductible du socialisme, jusqu'au dernier souffle, tient à la liberté autant qu'à la révolution. Pour nous tous, Paul Laraque est resté « un guide, une lumière, une flamme. Une flamme que nous tiendrons toujours vivante dans l'interminable lutte pour les droits économiques et politiques de tous. Sa fidélité à toute épreuve à la terre natale se traduit dans son vœu ultime :
Si je meurs en exil
Les courants sous-marins m'emporteront aux rives natales
Où mon fantôme invincible aux balles
Se mêlera aux hommes et aux femmes de mon île ». À ce texte de Franck, il convient d'ajouter ceux, remarqués, de Frantz Antoine Leconte et de Josaphat Large. Ce dernier a lu sa Préface à un recueil d'hommages adressés au poète Paul Laraque à l'université York College le vendredi 30 mars 2007. L'idée de ce recueil avait été émise par Max Kénol « pour immortaliser en quelque sorte la mémoire du poète Paul Laraque ».

Large nous présente un Paul Laraque « Fixé désormais dans une place enviable de l'histoire littéraire de notre pays, [et qui] nous laisse l'image d'un homme dont le profil pénètre dans la nuit des âges, sans tache, sans regret et la tête haute », Josaphat Large a retracé la vie tant intellectuelle que politique de Paul tout en ayant eu soin de noter « la dimension intellectuelle qui a fait jaillir, dans les pensées de Max Kénol, l'idée merveilleuse de la couture de cet ouvrage avec le fil des idées de tant de représentants importants de l'intelligentsia haïtienne » venus « dire un bel et dernier adieu à Paul Laraque, l'homme intègre dont la mémoire restera gravée en lettres poétiques dans nos cœurs ».

Au centre de la présentation de Frantz Leconte : « *Paul*

Laraque : l'instrumentalisation de la littérature », il y a, on peut dire, ce poème de Paul, « *Le pays du grand guignol* » qui projette « de puissantes et terrifiantes évocations, parle de cauchemars afin que le pays se réveille de la fin pour qu'il puisse renaître. ». Pour Leconte, Paul Laraque est « un contemporain capital… qui sait passer par le prisme de la poésie pour exprimer le prosaïsme aliénant d'un espace condamné à une transhumance désespérée, un contemporain capital qui communique des pulsions patriotiques, des intentions, des vœux qui se muent surtout en une véritable vocation, celle de rebâtir la cité avec plus de courage, de candeur, de générosité et d'humanité ».

Pòl Larak, w ale, kilè w a vini wè n ankò, w ale ? Kilè w a vini wè n ankò ? Nou renmen w anpil, ki lè w a vini wè n ankò ? Nou sonje w anpil… Ainsi, sur l'air folklorique bien connu « *Wangòl* », l'auteur de cette rubrique et maître de cérémonie, clôturait cette émouvante soirée du souvenir, cette rencontre autour de la mémoire de Paul Laraque parti retrouver sa souveraine et qui nous a laissé pour mission de garder intacte et brillante la flamme du courage et de l'honneur.

14 octobre 2008

– II –
Hommages au poète

(Jean Métellus, Jean Prophète, René Dépestre, Robert Garoute, Gérard Pétrus, Claude Pierre, Élie Leblanc, Jr.)

Jean Métellus

Hommage à Paul Laraque

Paul s'en est allé, on ne le verra plus enthousiaste, chaleureux, vibrant et ce qui nous manquera le plus, c'est sa voix, cette voix coulée dans le bronze, la ferveur et la fraîcheur, cette voix qui réveillait en nous à l'autre bout du fil l'odeur vraie et sincère de l'amitié.

J'ai rencontré Paul très tard lors d'un voyage aux Etats-Unis, mais je connaissais Jacques Lenoir depuis longtemps. J'ai toujours dit à mes amis à propos de mon séjour aux U.S.A. que chez Paul et Marcelle, j'étais plus heureux que dans un hôtel à étoiles illimitées. J'étais à l'étranger une fois de plus, mais avec l'impression d'être vraiment chez moi. En vérité, nulle part, je n'ai été aussi bien reçu et je pense que personne ne peut comprendre la solidité des liens qui se sont alors créés entre lui et moi.

Nous nous téléphonions souvent, très souvent, le problème des notes de téléphone était le cadet de nos soucis. Moi j'aimais entendre sa voix, lui voulait entendre de mes nouvelles. On se faisait part de nos projets, de nos espoirs et aussi de nos déceptions, oui nous parlions souvent, c'est un temps révolu. Mais nous restent sa photo, ses poèmes et l'ensemble de ses textes.

Nous avons eu le bonheur de le recevoir, lui et son épouse Marcelle dans notre pavillon de banlieue à Bonneuil. Daniel Arty était là, Jean-Claude Charles aussi, c'était probablement à la fin du printemps car nous étions dans le jardin.

Paul était vivant, fougueux, Marcelle tendre et lumineuse. Entre Haïtiens, nous avions naturellement refait le pays qui apparemment n'a pas beaucoup changé malgré nos vœux, nos souhaits et notre détermination.

Depuis, Daniel Arty et Jean-Claude Charles sont morts et Marcelle Laraque aussi. L'assistance de cette réunion printanière s'est considérablement amenuisée mais le souvenir en reste vif.

L'œuvre de Paul Laraque nous livre sa vérité sur « *la femme, l'amour, le pays, la révolution universelle qui sont des thèmes intégrés dans la majorité de ses poèmes* » comme l'a écrit son frère Franck dans la préface aux ***Œuvres incomplètes***.

Je retiendrai de Paul l'image d'un grand poète, d'un mari exemplaire, d'un homme d'une extrême bonté, d'une convivialité à toute épreuve, d'une générosité et d'un courage incomparables, aux convictions inébranlables, bref d'un grand humaniste.

Nous reviendrons probablement à froid sur son œuvre de poète et de militant mais Paul peut désormais dormir en paix. Car son esprit est parmi nous.

Jean Prophète

Hommage au très regretté Paul Laraque

Plus qu'un devoir de piété, c'est un privilège douloureux qui revient à chacun de nous de saluer le départ d'une grande figure à jamais disparue et de fixer dans notre souvenir un bel esprit à jamais présent.

Il est donc des noms dont chaque lettre revendique le prestige d'une majuscule. Des noms qui sonnent comme des mots d'ordre et que des camarades militants, gonfaloniers superbes brandissent fièrement comme un fanion de commandement. Il en est d'autres dans ce monde de violence et d'espérance, qui ont valeur de devise ou d'enseigne pour ceux qui travaillent et qui luttent. Autant d'attributs auxquels répond celui de Paul Laraque. Non pas seulement le nom inscrit dans les archives de l'état civil, héritage biologique ou lignée de souche dont il n'est pas tout-à-fait responsable et que d'ailleurs il a porté très honorablement, mais celui forgé inlassablement par son labeur, son talent, son intégrité et ses convictions. C'est-à-dire celui de l'homme de bien, entier, global, celui de l'enseignant, de l'essayiste, du poète, du progressiste engagé, de l'humaniste. Celui aussi du bon vivant, du camarade pétillant d'humour, mélange admirable de sérénité et de malice, de sagesse et de désinvolture.

Car, hormis l'idéologue austère, le marxiste intransigeant, le poète des armes quotidiennes, l'image qu'il nous plait à évoquer et à conserver de Paul Laraque, c'est celle de l'ami tout bonnement, du bon « zig », simple, sans histoire, celle de l'homme quotidien, sans vices majeurs et dont le charmant défaut et le péché mignon se révèlent par deux traits particuliers plutôt attachants et sympathiques.

C'est d'une part la délectation anticipée, la complaisance inoffensive et le grand goût manifeste pour le précieux liquide aux effluves capiteux. Grand goût hélas ! considérablement atténué depuis quelque temps avec l'usure et sagement contrôlé au cours des dernières années de sa vie.

D'autre part c'est cette tempête soudaine, cette turbulence qui anime ses regards ainsi que cette espièglerie pleine de volupté qui illumine toutes les ruelles de son visage dans un grand sourire lascif chaque fois que les allusions salaces ou les sous-entendus érotiques évoquent soit les attributs glorieux des uns, ou les prouesses héroïques des autres, soit les défaillances terribles, ou les supercheries géniales des machos de parade. Méprisant alors toutes ces fanfaronnades obséquieuses et d'un rire franc qui fend son visage d'une oreille à l'autre, il s'empresse toujours d'affirmer dans la candeur émouvante d'une fidélité conjugale à toute épreuve : « *Mesye sak rete-m lan se pou lakay.* »

Telle est, au delà de toute référence humoristique, une excellente leçon de haute sagesse morale sinon physique précieusement préservée dans notre intelligence et dans notre mémoire avertie. Ainsi le nom de Paul Laraque dans la vie privée aussi bien que dans l'œuvre de l'homme public, demeure à la fois un souvenir cher à notre cœur, un modèle, un éloge et une défense pour ceux qui lui sont proches : ses enfants, son frère, ses parents, ses amis et ses lecteurs.

(*17 mars 2007*)

René Dépestre

En hommage à la mémoire de Paul Laraque

C'est une personnalité éminente des Lettres Haïtiennes qui aura marqué mon parcours personnel d'écrivain et de poète. J'ai connu Laraque à mes débuts en 1945 juste au moment où je publiais mon premier livre : ***Etincelles***. Je l'ai rencontré dans des circonstances exceptionnelles en compagnie de Aimé Césaire, Jean Brierre, Roussan Camille, René Bélance et René Piquion. Quelques mois après, j'étais aussi présent à ses côtés, quand le grand fondateur du surréalisme français André Breton est venu à Port-au-Prince. A cette occasion Laraque avait lié des relations d'amitié avec Breton. Dès cette époque, j'ai noué des rapports personnels avec Laraque. J'ai toujours apprécié sa poésie d'une grande originalité. A mon avis, Paul Laraque fait partie de la génération qui a donné des poètes éminents comme Jean Brierre, Morisseau Leroy, Carl Brouard, Clément Magloire St Aude. Justement en ce moment j'étais en train de feuilleter le volume des Editions Complètes. Je le disais, en lisant Magloire St Aude, qu'un pays qui a donné autant de poètes de talent comme Paul Laraque, Hamilton Garoute, Anthony Phelps, Davertige, Roland Morisseau, Serge Legagneur et d'écrivains comme Jean Price-Mars, Jacques Roumain, Jacques-Stephen Alexis, Marie Vieux, Edwidge Danticat, des intellectuels comme Roger Gaillard et tant d'autres figures de la culture haïtienne, un tel pays ne peut pas mourir.

Aujourd'hui où Haïti ne parvient pas toujours à sortir de son « sur place » existentiel, Paul Laraque et son œuvre incarnent plus que jamais notre espoir dans la remontée des Haïtiens à la lumière et à la démocratie.

Robert Garoute

Hommage à Paul Laraque

Combattant intraitable dans la lutte pour la libération des masses populaires d'Haïti et du monde entier, Paul Laraque a été et est resté jusqu'à sa mort un grand humaniste, libéré des préjugés et des vanités de l'existence, toujours égal à l'endroit de tous les êtres humains quelles que soient leurs races, leurs conditions économiques et leurs croyances religieuses.

Communiste convaincu, il est parti pour l'au-delà sans jamais cesser de clamer sa foi au triomphe inéluctable du socialisme à travers le monde.

Le socialisme, pour lui, était une cause juste à laquelle il a consacré son énergie et le plus fort de son talent de poète. Ses convictions étaient profondes et arrêtées. Elles étaient d'autant plus inébranlables que l'adhésion totale de certains pays de l'Amérique latine au système socialiste selon le modèle de Cuba semble confirmer ses pronostics.

Quand Haïti réalisera sa seconde révolution pour laquelle Paul a tant lutté, le peuple haïtien tout entier se souviendra du grand patriote qu'il fut.

Poète altruiste, tu seras avec nous
Sous la couverture de l'aube,
Et à l'Est indicateur ensoleillé,
Des temps meilleurs, la journée s'annonce
Une fois de plus, moins pesante
Sur les épaules de la conscience.

Gérard Pétrus

Adieu à Pablo

Nous ne verrons plus cet ami qui jouissait de la sincère admiration de tous, tant pour son incontestable honnêteté que pour la stricte discipline de ses principes.

Son habituel sourire témoignait toujours son affection en recevant des amis, en adressant la bienvenue par des mots d'esprit avec sa coutumière urbanité.

Il se plaisait dans de nombreuses rencontres, à évoquer ses liens de sympathie pour Myrtha, que son épouse Marcelle lui a léguée comme une vraie sœur et qui sur la lancée de Myrtha, je le suis apparenté comme un jeune frère, affection à laquelle nous étions vraiment fiers, venant de ce grand humaniste qu'était Paul Laraque.

Ce barde qui était apprécié par des parents et des amis était aussi d'un tempérament ouvert et jovial.

Une petite anecdote pour illustrer un trait de caractère de Paul : Son feu frère Guy, ayant pincé un voleur un matin chez lui en pleine besogne, se rendit au Grand Quartier Général de l'Armée avec le malandrin pour demander à Paul de le conduire à la Police. Paul, cependant, avec sa bonhomie habituelle, s'empressa de serrer la main au voleur en s'enquérant de ses nouvelles. Et pour comble, le voleur s'était aussi informé de la santé de Paul en lui exprimant ses souhaits de bonnes conversations! Sur ce, Guy désespéré expliqua de nouveau à Paul l'objet de ses démarches, et Paul d'absoudre l'énergumène, de lui dire de ne plus recommencer et de chercher un honorable emploi pour satisfaire à ses besoins.

Voilà Paul Laraque, l'homme sans défaillance au cœur compatissant qui rejette tout jugement prématuré dans toutes les circonstances. Et comme disait l'autre, c'était un « humaniste égaré dans l'Armée ».

Son humanisme couvrait son dévouement inégal à l'égard de sa femme malade pendant plus de trois ans, la soignant avec amour et tendresse et l'encourageant à tout moment.

Sa générosité s'étendait à tous ceux qui s'adressaient à lui et il y répondait discrètement et de bon cœur.

Cet homme de culture hors du commun, cet intellect a vécu ses convictions. Il entre par ses nombreuses œuvres dans la Galerie de nos Grands Patriotes.

Il restera, tant que nous vivrons, Myrtha et moi, présent dans notre cœur.

Adieu Pablo, citoyen du monde, nous ne te reverrons plus jamais. A toi Franck notre frère, à ses enfants et petits enfants de prendre soin de ce noble héritage.

(*30 mars 2007*)

Claude Pierre

Adieu poète

Que reste-t-il
Sur les débris du songe
triomphent crime et mensonge
l'espoir crucifié
la flèche au cœur de la liberté
que reste-t-il
de notre avenir
sinon ressusciter

(Paul Laraque ***Œuvres incomplètes***, Montréal, CIDIHCA, 1998, p. 304)

Un message de New York, relayé par Josaphat Large qui a eu la délicatesse de me le transmettre, m'a annoncé, bien avant la presse, le départ du doyen des poètes haïtiens. Le très pugnace Paul Laraque est mort à New York après plus de 60 années de lutte idéologique continue contre toutes les formes d'injustice. Vivant en terre d'exil depuis plus de 40 ans, hormis une brève tentative de retour, après le départ des Duvalier en 1986.

Né à Jérémie en 1920, Paul Laraque était un ancien officier supérieur des Forces Armées d'Haïti. En tant qu'homme de lettres, il s'était fait connaître dans le monde de l'écriture d'abord en pays natal sous le pseudonyme de Jacques Lenoir avec un succès d'estime avant d'acquérir ensuite, bien des années plus tard, la notoriété avec, entre autres, ***Ce qui demeure***, gratifié d'une présentation d'André Breton, ***Sòlda mawon*** et ***Œuvres incomplètes***.

Nationaliste lucide, militant clairvoyant, éducateur attentif, l'homme était avant tout poète jusqu'au bout de la tendresse, vouant un amour profond pour sa campagne Marcelle qui l'avait précédé au tombeau. Paul s'est retiré à pas feutrés le matin de la Journée internationale de la femme. Il laisse un grand vide. Je garde de lui le souvenir d'un homme cultivé, toujours avide de connaissances. Malgré son extrême courtoisie, il manifestait dans les circonstances une force et un talent de polémiste remarquables.

Le monde des lettres déplore la disparition de Paul Laraque ce qui constitue un gros déficit pour une littérature en plein essor. Internationalement connu en Russie, à Cuba, en France, au Sénégal et ailleurs, honoré à plusieurs reprises en reconnaissance de son talent et de son travail, il a contribué largement à faire connaître la littérature haïtienne.

Paul va être inhumé sans nul doute loin de sa terre natale et privé de la chaleur de la jeunesse et du peuple haïtiens qu'il a su défendre brillamment avec sa plume et qu'il a aimés de furieuse amour.

A tous les parents de Paul Laraque, particulièrement, ses enfants, petits-enfants, son frère Franck, à ses amis et confrères du monde des lettres, vont les plus profondes condoléances de mon épouse et de moi-même.

Nous compatissons à la peine de ses proches. Paul était devenu un ami de la famille dans le cadre d'un Salon du Livre au Québec, amitié renforcée grâce à nos liens intimes et communs avec le très regretté René Bélance.

Pour me consoler, je dirais que le poète n'aura pas besoin de plaider la résurrection ; son œuvre déjà assure sa pérennité.

Adieu, poète ! Ta musique, ton rythme, tes mots nous resteront.

(*Pétion-Ville, le 10 mars 2007*)

Élie Leblanc, Jr.

Adieu, camarade

À la douloureuse nouvelle du génocide en cours dans les quartiers populaires de Cité Soleil contre les masses défavorisées, est venue s'ajouter celle de la mort de notre très cher camarade et ami Paul Laraque. Une grande tristesse nous a envahi en l'apprenant.

Nous sommes en face d'une véritable gageure. Comment rendre hommage à un homme du niveau intellectuel et moral de Paul Laraque? Cet homme qui, parlant de sa militance et de sa propre position politique, écrivit :
...Né dans une famille de la bourgeoisie provinciale dont le statut économique équivalait en réalité à la petite bourgeoisie, les connaissances acquises et l'expérience de la vie, tant en Haïti qu'en exil, ont fait de moi qui je suis aujourd'hui : un poète progressiste et un patriote qui ne transige pas lorsqu'il s'agit du destin de son peuple et de la nation ...Mais en me désolidarisant des intérêts des classes dominantes, j'ai établi de façon définitive mes priorités... » Cet homme qui, parlant de l'apport de certains Haïtiens « dans le domaine de la pratique révolutionnaire », découvrit que « le Lénine haïtien n'est pas encore né. Mais de Goman et Acaau à Péralte et Batraville de Jacques Roumain, Etienne Charlier et Anthony Lespès à Jacques Stéphen Alexis, Jean Jacques Dessalines Ambroise et Gérald Brisson dans le domaine de la pratique révolutionnaire ou/et celui de la théorie marxiste, nous avons certes des guides qui ont déclaré la longue et difficile voie de la libération sociale et nationale des masses haïtiennes... (Seule la révolution peut changer la nature de l'Etat) ...L'histoire nous montre que les révolutions triomphantes ont été toutes des révolutions armées... Il n'en reste pas moins vrai qu'une organisation révolutionnaire doit être prête à employer selon les circonstances la lutte pacifique ou la lutte armée ou à combiner les deux formes... Le talon d'Achille du mouvement démocratique est son impréparation à toute forme

armée de résistance. Les masses en sont conscientes et ont tenté d'y suppléer par la création de comités de vigilance ou d'autodéfense ; mais l'armée s'est empressée de les dissoudre, tout en tolérant les escadrons de la mort, les gangs de la contrebande de la drogue, et autres bandes de 'zenglendos'…

Certes, voilà l'homme que nous tenons à honorer aujourd'hui. Il fut pour moi, comme jadis Anthony Lespès, un véritable phare, une chance. Et si aujourd'hui nous pouvons nous tracer un chemin au milieu de ce désordre soigneusement entretenu, c'est grâce à Paul. C'est donc à un ami, un ancien camarade de combat que nous rendons cet ultime hommage. Paul prit position contre cette pagaille et pointa du doigt cette main prétendue invisible.

Il avait une vision marxiste de la réalité haïtienne. Les écrits de Paul n'ont pas jusqu'à ce jour reçu les appréciations méritées. Il était un grand parmi les grands. Et cette grandeur a débordé le cadre national, avec son recueil ***Armes quotidiennes/ Poésie quotidienne*** qui a été honoré du prix de la Casa de las Americas 1979. (Havana, Cuba) Il était d'une valeur non seulement intellectuelle mais également morale. Le pays perd en lui un élément de tout premier ordre. Ainsi donc, comment honorer un intellectuel d'une telle envergure ? Lui qui a lutté pendant toute sa vie, essayant de briser les mythes, les préjugés, la misère, l'injustice et l'exploitation à travers ses interventions dans la presse et dans ses œuvres ? Et il l'a fait alors qu'il était membre de l'institution la plus réactionnaire de notre pays, l'Armée d'Haïti, utilisant le nom de plume Jacques Lenoir et après.

La perte de Paul arrive à un moment difficile de notre vie nationale. Il pourrait nous être tellement utile ! Au-delà de sa compétence, il était un homme probe, loyal et rempli d'amour et d'affection pour sa famille, ses amis et ses camarades.

Il détermina très tôt dans sa vie qu'il ne voulait pas être un chef. Il n'a voulu être qu'un guide. Il nourrissait en lui l'intérêt d'un dialogue vivant entre les êtres. Par ses écrits, il s'est placé d'emblée parmi les grands progressistes de notre pays. Pourquoi ? Parce que les problèmes qu'il a soulevés, impliquaient et impliquent encore un procès éloquent de la pensée rétrograde de la classe dominante haïtienne. Alors que peut-on dire de plus ?

Nos condoléances aux parents, amis et camarades éplorés, particulièrement à Denizé Lauture qui s'est montré impayable durant les derniers instants de ta vie. Nous te disons adieu pour toujours, mais nous penserons à toi tout le temps. La montée éventuelle des masses au pouvoir en Haiti et la victoire du socialisme dans le monde sont inévitables. Tu seras malheureusement absent à cette triomphante célébration mais « nous veillerons sur le grain, nous garderons le dieu ». Tu nous l'as toujours appris ainsi. La chaleur de ton amitié va nous faire beaucoup défaut.

Adieu camarade.

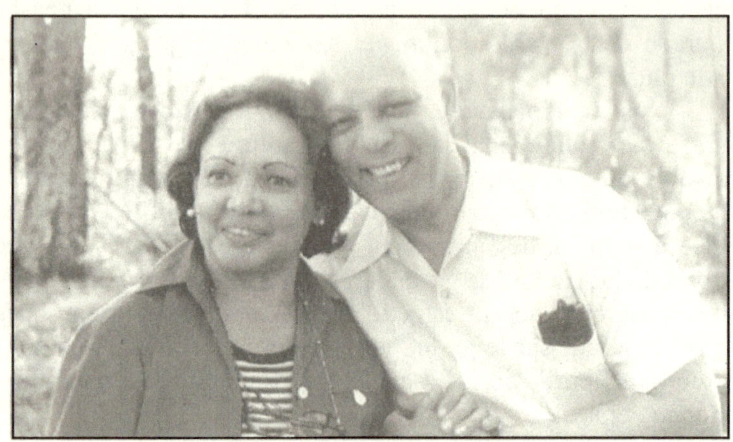

Marcelle et Paul Laraque

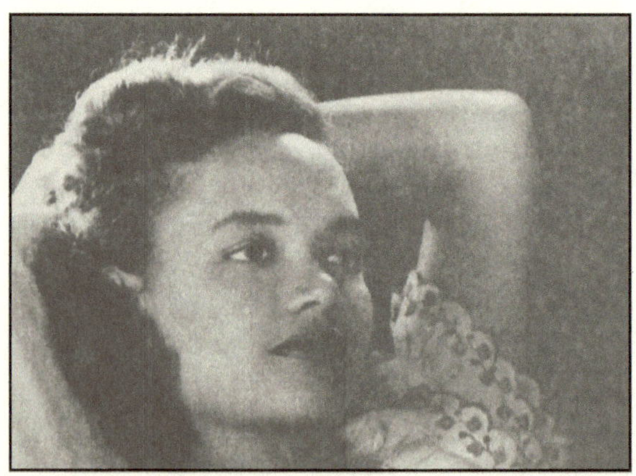

Marcelle Laraque

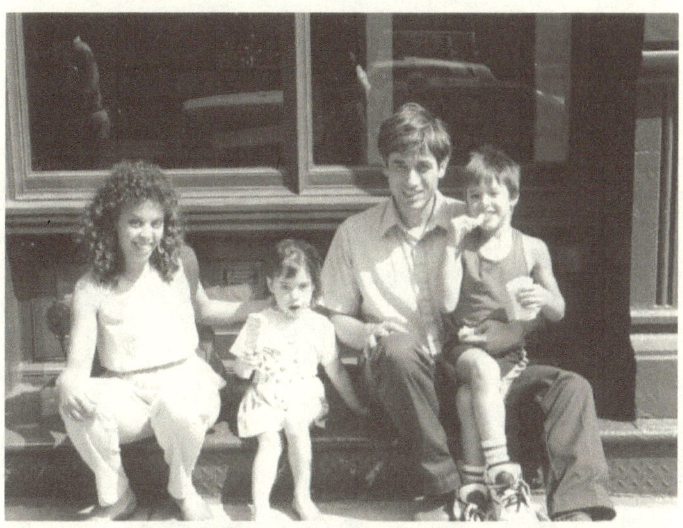

De gauche à droite : Danielle Laraque Arena, Julia Arena, Luigi Arena et Marc Arena
(Photo courtoisie Danielle Laraque Arena)

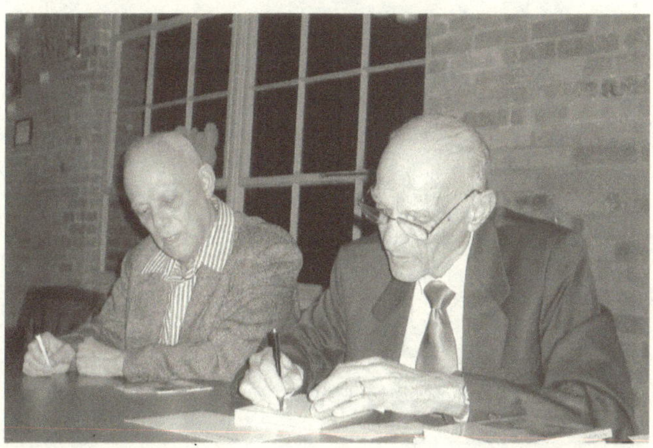

Paul et Franck Laraque lors de la vente signature de leur livre « **Haïti : La lutte et l'espoir** ***»***
(Photo Grégor Laraque)

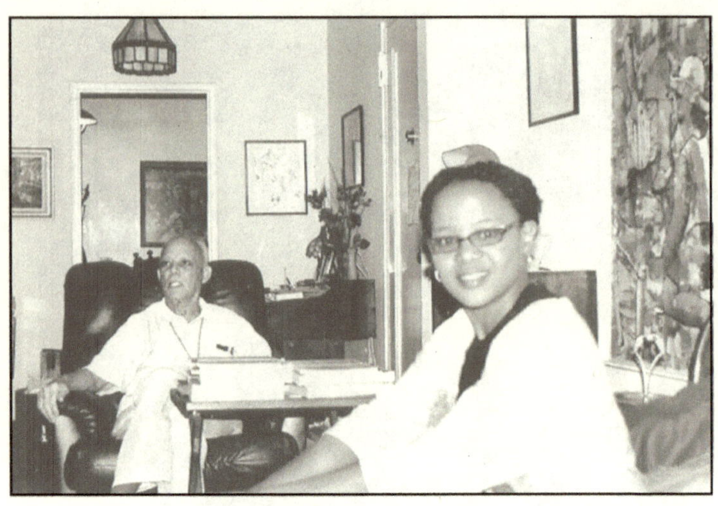

Paul Laraque et Edwidge Danticat
(Photo Tontongi, *www.tanbou.com*)

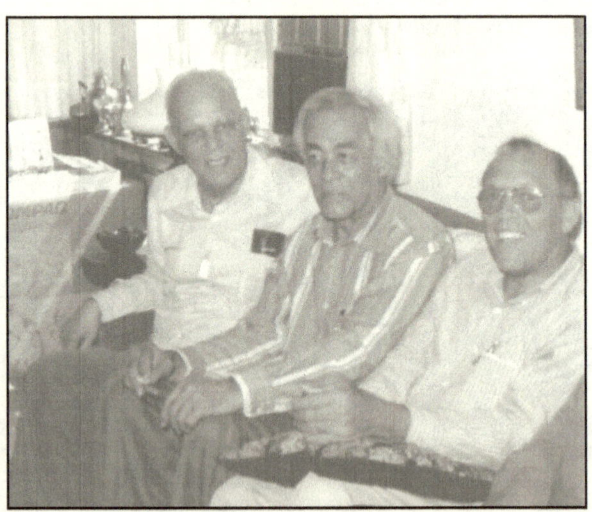

Paul Laraque, Anthony Phelps
et Josaphat-Robert Large
(Photo courtoisie Josaphat-Robert Large)

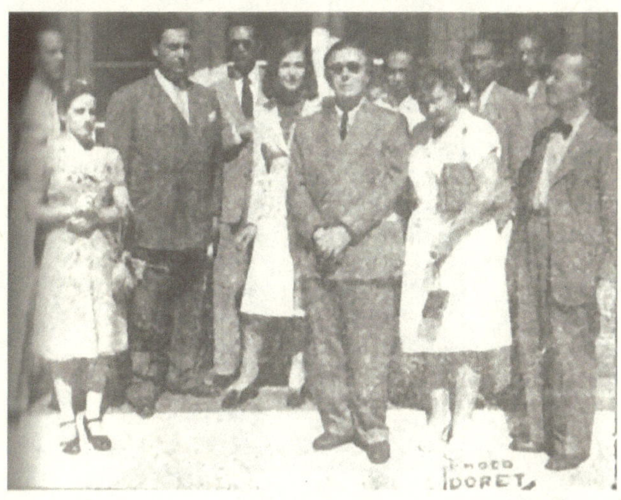

André Breton (au centre avec lunettes de soleil) accompagné de sa femme Elisa (à sa droite), à l'aéroport de Port-au-Prince en 1945. Au fond à gauche, Paul Laraque en tenue militaire.

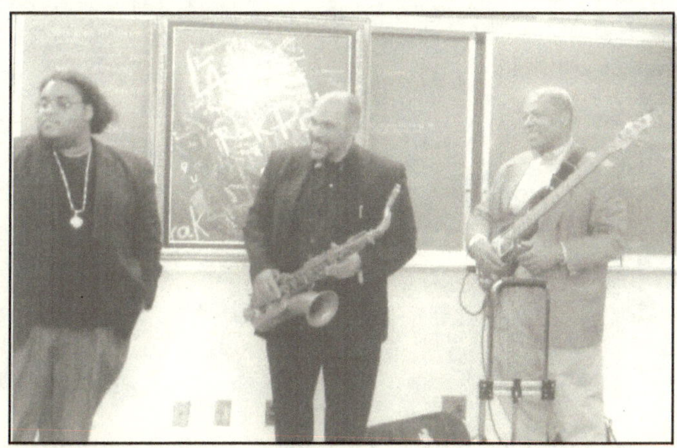

Les musiciens Gilbert Défaille, Alix (Buyu) Ambroise et Ricardo Frank lors de la soirée d'hommages à Paul Laraque à York College, Queens, New York, le 30 mars 2007
(Photo Grégor Laraque)

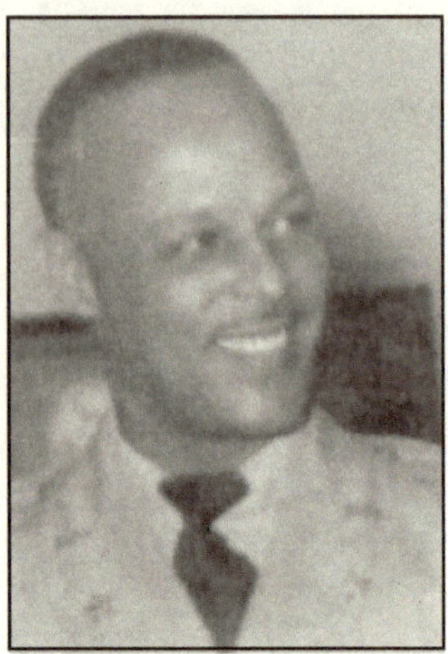

Paul Laraque à l'époque où il écrivait sous le nom de plume de Jacques Lenoir.

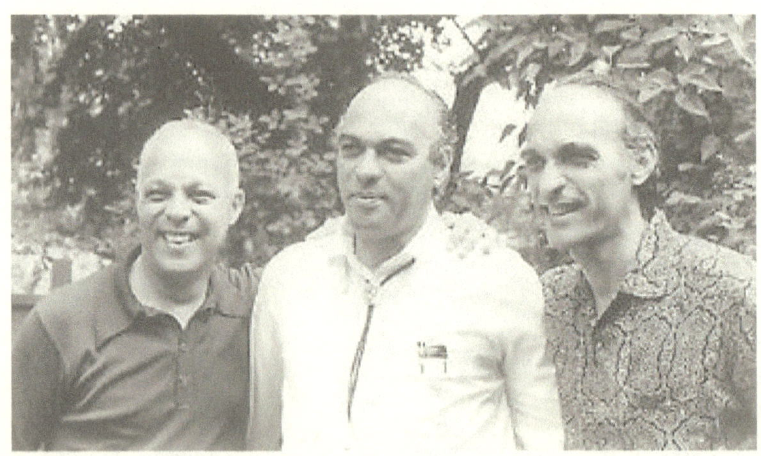

Paul Laraque, Guy F. Laraque et Franck Laraque

– III –
Poèmes pour Paul
Powèm pou Pòl

(Josaphat-Robert Large, Gary Klang, Karèn Bogat, Georges Jean Charles, Denizé Lauture, Clotaire Saint-Natus, Lochard Noël, Ralba [Serge François], Berthony Dupont, Claude Pierre, Papados [Fritz Dossous], Jean André Constant)

Josaphat-Robert Large

Et voici Paul
Le bateau qui s'en va
Comme une fleur sur les eaux
Vois-tu de là-bas
Notre émeute de regrets
Et de l'autre bord de la mort
Tu peux maintenant
Dire adieu
A tous les dieux que tu n'as pas aimés

(*New York, le 8 mars 2007*)

Gary Klang

Pour Paul Laraque

Le souvenir qui me reste de Paul Laraque, c'est une voix au téléphone me demandant de participer à un collectif de poésie.

Je n'ai jamais rencontré Paul, mais je garderai de lui un souvenir fraternel grâce à ce coup de fil de New York, où il est mort le 8 mars, en cette journée internationale de la femme. Cela n'enlève rien à l'horreur de la mort, mais le symbole restera: Paul est parti le jour où le monde rend hommage à toutes les femmes, mères, épouses et sœurs. Pour lui qui aimait tant Breton, le surréalisme et la poésie, on pourrait dire qu'il est mort en poète.

Qu'il repose en paix parmi toutes celles qui lui furent chères !

Je ne t'ai pas connu
Mais j'ai encore ta voix à mes oreilles
M'appelant dans un geste d'amitié
Pour m'inclure
Alors que l'ami et le frère s'éloignaient
Faisant de l'ombre en plein soleil
Et tuant le chant bleu des oiseaux

Mais toi tu poursuivais ta route
N'oubliant pas
Qu'il y a des hommes qui ne voient pas le soleil
Non parce qu'ils sont dans l'ombre
Mais parce qu'il y a de l'ombre dans leur cœur

Personne n'écoute les pleurs de la souffrance
Mais toi
Tel un gardien de phare ouvert sur le grand large
Tu scrutais l'océan des douleurs
Attentif
A l'amour
A la fraternité
Et à la poésie

(*Montréal, le 8 mars 2007*)

Karèn Bogat

Haut Chant pour Paul Laraque

Tu le fais maintenant ce voyage que tu désirais tant
Mon oncle du pays des merveilles, ce Paul de mon enfance si beau et si tendre
L'officier charmant dont Ogou emprunte le visage pour crever le mur du destin
Et faire arriver le train qui m'ouvre les chemins.

We gonna miss you
We gonna miss you Papa
We gonna miss you
We gonna miss you so much

Le minuit de Noël où tu éteins les lampes pour peupler le salon de cadeaux
Que nous retrouvons avec la lumière

We gonna miss you
We gonna miss you Papa

La canicule de ta cuisine à Queens dans l'odeur des petits pâtés chauds
Cette histoire abracadabrante que je t'écoute raconter
Et dont je retrouve le fil, d'entrevue en entrevue, d'année en année
Je voulais en savoir plus mais enfin, tu me dis assez
Je te passerai l'article où tu pourras tout lire

We gonna miss you
We gonna miss you so much
You whose laughter is never far away
You who love others as you love your own
We gonna miss you

We gonna miss you Papa

Voilà déjà l'heure du goûter et des amis qui vont arriver:
Celui qui cuisinait ces somptueux repas improvisés
Celui qui peignait et fabriquait tes livres
Les rires qui fusaient, les poèmes que j'attrapais pour les traduire en anglais

We gonna miss you
We gonna miss you Papa

Ces dîners de famille autour de la bonne table
Avec le bon vin de France apporté par ta sœur
Les discussions sans fin, Grand-père qui s'échauffe
Les pitreries de la table des enfants sur la galerie fleurie

We gonna miss you
We gonna miss you so much

Le grand silence du Bois-Verna sans toi et sans tes enfants
La tristesse de Grand-père, ses paupières abattues
La tristesse de Grand-mère quand vous êtes partis

We gonna miss you
We gonna miss you Papa

Et puis les dîners de famille autour de la bonne table
Avec le rhum d'Haïti pour éclairer l'hiver de cet autre pays
Les discussions sans fin, Tonton Franck qui s'échauffe
Les enfants qui s'endorment éparpillés sur les divans
Jusqu'à ce que passe l'orage et s'embrassent les parents

We gonna miss you
We gonna miss you Papa
In the hospital room, your sense of humor never falters
In the hospital room, your eyes are still as bright

Today we're eating buffalo meat out on the terrace under the open sky
To tell you I love you and think of you every day everytime
We celebrate life

We gonna miss you
We gonna miss you so much

Une source coule au pays de l'enfance
Une source qui existait au temps des Indiens
Et à laquelle j'ai bu la tête sous l'eau.
Qui d'autre as-tu vu dans la maison des morts ?
Quand la mort est venue je m'en suis souvenu

We gonna miss you
We gonna miss you Papa
We gonna miss you
We gonna miss you so much

Mon oncle du pays des merveilles
Ce Paul de mon enfance si tendre et si fort
Toi dont l'amour pour Marcelle m'enseigne l'amour éternel
Toi qui l'aimes tant, qu'elle est belle éternellement
Ta femme qui est en mars
Celle qui revient te délivrer
Le bouquet de flammes blanches qu'elle t'a lancé
Avant de faire elle-même son dernier plongeon
Le bouquet de flammes blanches qu'elle t'a lancé
Tu l'as attrapé
Et maintenant elle t'attend.

Georges Jean-Charles

Mille mercis, Paul

Les vieux Saliniers des Paludes de mon village
n'ont pas oublié les traits de ton visage
Ton sourire narquois et ton air bon enfant les hantent encore.

Dans leurs rêves, dans leurs farces
ils revoient toujours
le charmant petit officier jaune qui
nan tan dantan et les jours de parade
épatait leurs joyeux capitaines des sables.

Les héritiers de l'Oncle San Man-Nan
au cœur aussi large qu'un étang
hument encore le relent de l'alcool
que tu sirotais à la vieille Chapelle
en compagnie de Ti Doc le Brutus.
Ils continuent de se réjouir
de ce que tu donnais fraternellement le bras
à la sœur Marianna
sous les regards amusés du père Bacchus.

Pour tout cela,
Paul, nous te disons mille mercis.

Oui, Paul, nous te remercions
de nous avoir appris à faire bon usage de nous-mêmes,
de nous avoir appris à aimer l'autre
même quand il fallait le maudire ;
de nous avoir appris à fièrement honorer
nos anges, nos lwa, nos morts et nos saints
au lieu de nous accroupir peureusement pour les adorer

Merci, Paul,
de nous avoir appris à compter les rayons du Soleil,

et les gouttes de la rosée matinale
à explorer le firmament des Tropiques
pour mieux faire l'amour avec la Lune
et des yeux doux aux lointaines étoiles.

Et souvent, comme toi, nous nous disons :
Pourquoi ne leur offre-t-on pas des copies du Petit Prince
ou de ton Fistibal, au lieu des les inviter
à égrener de longs chapelets de misères
et des les gaver d'ennuyeux lots de Timtim
et de bwa zaboka faisandés ?

Pour avoir régulièrement bu et dirigé tes vers
nous rêvons toujours des enfants de Sabra,
de Chatila, de Djenine et de Ramalah
alors que nous plaignons et maudissons les Chimères de partout
qui abîment et piétinent l'abécédaire des gamins
et des gamines en fleurs de nos Cités exposées au Soleil.

Pourquoi ne pas leur ouvrir
les portes des abbayes à Thélème
au lieu de les pervertir et les « imbéciliser »
à l'ombre des arbres du mal et de la mécréance ?

Hier au soir, sur l'habitation Goman,
alors que nous invoquions notre vieil Acaau
aux govis de la Clé-d'Or,
une de tes ouailles est venue nous demander :
« Avez-vous vu le Capitaine de l'Espérance ? »
Sans même nous assurer de qui, au juste, il nous parlait, nous lui avions spontanément répondu :
« Jacques Soleil dort encore à l'ombre d'un palmier inconnu ; mais... son ami le Capitaine de l'Espérance continue à motiver les jardiniers qui sèment les bons mots pour que ruisselle une parole vivifiante. Vous devez avoir raison », répliqua-t-elle. Et, elle nous a ensuite invité à joindre ma voix à celle des AUTRES pour remercier le brave Capitaine de nous avoir permis d'utiliser

son Bréviaire et son Fistibal pour tenir en respect les Goliath aux p'tits pieds et les philistins menteurs qui s'amusent à débaucher le sommeil et les rêves des enfants de nos villages, à les priver des généreux rayons de notre Soleil, à leur enlever leur bol de pitimi alors que leur kwashiorkor est terminal.

Les vilains osent semer du pois gratté sur les couches de nos filles, osent gâter nos prières et osent troubler la paix dont les lwa et les Saints voudraient nous gratifier.

Si nous avions la grandeur de Bois d'Orme Létiro et la patience de courir encore, comme Canaïbo, après le Graal, nous aurions dit : « Hélou ! » pour eux. Cependant, dans nos âmes et consciences, nous disons plutôt Hélou ! pour nos mains qui se gardent de bien frapper; nous disons hélou ! pour nos yeux qui se gardent de bien viser ; hélou ! pour nos pieds qui n'ont pas su jusqu'ici bien shooter; hélou ! pour nos index qui n'ont pas su bien indiquer.

Merci, Paul de n'avoir pas prêté attention à nos blasphèmes et d'avoir plutôt enregistré notre gazouillis, nos plaintes, nos cris, et de nous avoir encouragé à ahaner l'effort pour que bientôt se lève le vrai JOUR.

Denizé Lauture

Paul,

Ton poème d'amour
Ne peut être écrit
Qu'avec des mots rouges d'amour
Tirés de l'essence vive
De la rose fraternelle et humanitaire.
Crois-moi, gran frè m
Elle te recevra dans son sein
Et continuera à croître

(*Le Bronx, le 9 mars 2007*)

****

L'arbre de la belle Marcelle

(Dédié au poète Paul Laraque le lendemain de l'adieu de son adorable épouse)

Je sais que tu aimais le parterre
Où se plongeaient ses racines.
Je sais que tu aimais ses racines
Qui nourrissaient son tronc.
Je sais que tu adorais son tronc
Qui fortifiait ses branches.
Je sais que tu adorais ses branches
Qui te procuraient la douceur de leur ombre.
Je sais que tu t'enivrais de cette douceur
Qui prenait possession de ton âme.
Je sais que ton âme était liée à son âme,
Que sa sève était ta sève,
Son souffle ton souffle,
Et que ses fruits sont tes fruits.

Elle était ton « pye flanbwayan »
Elle était ton « arbre-musicien ».
Ses fleurs et son frou-frou
Faisaient tomber en pâmoison ton être.
Toi, fils du soleil fulgurant,
Amant de la pleine lune
Et camarade des plus folles comètes!
Je sais que dans tes artères coule la sève
De l'un des plus forts chênes de « La-rak ».
Le souffle puissant de ton cosmos poétique
Rendra Belle Marcelle immortelle, immortelle
Dans un poème-fleuve d'un demi-siècle d'amour.

(*17 novembre 1998*)

Clotaire Saint-Natus

Chant poétique à Paul Laraque

PAUL LARAQUE...
J'ai greffé le nom de cet homme
bâtissant des citadelles d'amour et de passion
pour sa compagne, pour sa progéniture,
pour sa communauté et son pays d'îles,
de cet homme au rire roi de cœur
printemps inné
à crever les ombres fêlés de murs de l'exil,
à menuisier des étoiles épiques
de sa poésie puisée des poumons du peuple,
parole plus fertile qu'un champ de soleils mûrs.

J'ai greffé donc le nom de cet homme
de sa fougue de soldat marron
portant la liberté en bandoulière,
sur la verticalité de l'arbre debout
qui dispense aux quatre points cardinaux
la cohérence intense de sa parole dissidente,
libre à dénoncer les rêves
crapuleux des têtes despotiques.

Ô PAUL LARAQUE...
ô poète au front nimbé de crépuscules dorés,
ô passager permanent entre vents et hurlements,
comme ma soif est suspendue à tes visions d'eau claire...
Je sais sur quelle praxis porter ta flamme vive

pour la « levée des boucliers de l'aurore »
et la récolte de la rosée de l'aube.

PAUL,
PAUL LARAQUE,
Il n'y a plus de nuit,
PAUL.
Même pas la nuit du tombeau.
Il n'y a que des jours de guirlandes pourpres.

Paul Laraque,
J'ai dit...

Lochard Noël

A la mémoire de Paul Laraque

Dans leurs rondes quotidiennes
Les écoliers d'Haïti
Et ceux du monde entier
Chanteront tes poèmes
Et écriront ton nom
Dans leurs classes d'écriture
Sur des ardoises en arc-en-ciel

(*Fort Lauderdale, Florida, avril 2007*)

Ralba*

Bwapiwo

Ayout lapli pa tonbe
tout larivyè desann
Lavòldwòg - Ginode
pou charye bonnany Pòl
nan douvanjou uit mas sila-a
jouk nan peyi san chapo
osnon sou tèt mòn Kaztach
pou-l sa kontinye voye je sou peyi d'Ayiti
ki te toujou nan tout aktivite-l
ak nan fon kè-l
ak fòs ponyèt li
li te kontinye charye sou do-l
responsablite pou peyi-a
gen yon alemye

Tout zwazo nan bwa nan jan pa yo
pipirit kon wanganègès
mete tèt yo ansanm
pou yo lwanje bèl travay
zanmi kamarad la
nan mitan Holguin Santyag etsetera
nan pami lafanmi pasi pala
nou konnen ou pa chich pou sa
n'ap kontinye sonje-w
e n'ap toujou sonje-w
pou sa louvri lonèkte
pou tout frè ak sè ou yo
ki pe trimen
nan lavi tonbe ginngole peyi fredi yo
jouk yo soti nan mera sila-a
vanyan kou nou vanyan
gason se twòp atò

Moun Fonwouj Dayere
moun Previle
moun Mafran sanble sanble
pou-n ale lanbouchi nan trant jou
al resevwa bonnany Bwapiwo
K'ap pran chimen Kaztach
pou la li pran pòs voye je
san dezanpare sou peyi-a
tout pitit li yo
jan li te abitwe fè-l
kinalagach

Pran kouray siye zye nou

(*Nan lakou Nouyòk, 19 mas 2007*)

***Ralba se sedonim Doktè Serge François**

Berthony Dupont

Bravo Paul Laraque

Ala bèl mouri bèl
Lè w mouri pwòp
Pwòp san okenn tach
Pwòp san okenn pli
Sou figi lavi w

Ala bèl mouri bèl
Lè w mouri gran
Gran san okenn renmò
Gran san okenn repwòch
Gran san okenn madichon
Sou eskanp lavi w

Ala bèl mouri bèl
Lè w mouri gran
Gran tankou Jakwoumen
Gran tankou Morisolewa
Gran tankou Federikolòka

Tout mouri pa mouri
Lè w mouri gran
Non ou rete avi
Nan kaye lavi
Lè w mouri pwòp
Non ou rete vivan
Nan memwa listwa
Ala bèl mouri bèl

Ala bèl mouri bèl
Lè tout yon peyi
Tout yon pèp
Ap rann ou omaj

Lonmen non ou
Pasipala
Oumenm ki te konn di :
« Ayiti pap mouri
Si nou pare
Pou nou mouri pou li »

Respè sa a
Lonè sa a
Se pa tout moun ki jwenn li

Tout mouri pa mouri !

Respè sa a
Lonè sa a
Se pa tout moun k ap jwenn li
Abobo !
Abobo Pòl Larak !

Ou te yon konbatan onèt
Yon konbatan sensè
Yon konbatan konsekan
Ki pa janm chanje kan
Bravo !
Bravo Pòl Larak !

Ou fenk kare viv
Kanmarad
Ou fenk kare goumen
Kanmarad

Abobo !
Bravo !
Bravo Pòl Larak ..!

Claude Pierre

Leve kanpe Sòlda mawon
pou salye memwa Paul Laraque

Onè !

Lè lavyeyès monte drapo l,
lajenès fini nan pousyè.
Lè kadavkò mande repoze,
se jou potorik gason ki bout.
Lè fatig fèmen je grandèt,
li pa mouri san kite tras,
se dòmi l al dòmi.

Lè jou majòjon bout,
li fèmen je li san plenyen ;
e si solèy pran tan pou leve,
si anpil zwazo pèdi wout, vire fou,
si anpil zanmi mare vant, pran kabann,
menmsi tanbou bèbè,
menmsi men nan machwè,
apre dèy, gwo douvanjou lavi souke kò l,
van pran kòd vyolon li, leve danse.
E, anpil sanba leve kanpe
pou yo salye yon pòtflanbo.

Si w byen gade nan syèl la
nan direksyon mòn Makaya
wa wè Paul Laraque
k ap file yon kokennchenn grandou
k ap kimen rèv tout koulè

Kamarad Paul Laraque pa mouri zanmi.
Ou mèt sispann kriye nan mouchwa
sonje nan chak pawòl solda a
powèt la chante san febli san rete
« Ann chanje lavi pou n transfòme le monn. »

Paul, lòtbò lalin,
lè w a rankontre ak Morisseau
devan yon boutèy labsent,
pa bliye, avan n trenke,
vide yon gout atè
pou chak vivan san somèy.

Respè!

(12 Mas 2007)

Papadòs (Fritz Dossous)

Plent #1 : Ròchnansolèy

(*Ròchnansolèy* se yon pyèsteyat ke m ekri an vè lib nan ane 1991 men ki te pibliye nan ane 1994. Mwen te dedye èv la bay gran powèt revolisyonè Pòl Larak, yon gwo powèt ki toujou enspire pou klere e lave je pipiti)

(Yon tikal ladan li)
Nou pase anpil move nuit
Je nou wouj
Loray, tanpèt
Anpeche nou dòmi.
Lougawou banbile nèt alkole
Yo bat zèl
Pyafe sou do kay nou.
Anpil farinay lapli tonbe!
Mayi nou pwofite
Pouse flèch moute.
Anpil sezon sechès kanpe ankwa
Pou anpeche mayi nou pouse zepi.
Lajounen nan fè kous ak lannwit
Fè mont lavi kouri pi vit
Tinèg fi n blaze, pachiman
Lavyeyès akapare nanm nou
Fini tout vagabonday.
Ekzistans nou pase floummm
Pou granmesi lan sakpay
Bwèbyen san swe!
Malgre tout goumen
Malgre tout met men
Manzè Libète poko janm
Wonfle, dòmileve avè nou.
Libète cherikòt,
Map pote ou plent:
Zanmi Ròchnandlo debake

Yo vin privatize tout bagay
Yo rive privatize menm non moun.
Manman m te rele m Alsiyis
Yomenm yo rele m Ròchnansolèy
Depi jou sa a,
Map dòmi ta, leve bone.
Yo detere kòdlonbrit mwen
Avèk awogans yo deklare:
Moso tè sa se frenk pou yo
Yo vini plante Legliz yo
Otèl yo, Baz yo, Palè yo
Lekòl yo, mizè nou
Epi yo deside:
Yo se Wa
Yo se Pap
Yo se Leta.
Men yo pantan lè yo tande
Lan mitan lannwit
Vwa Powèt la kap kònen
Rele, babye, pwoteste
Pou lonbrit timoun nou yo
Ka rete antere nan timoso tè sila a!
Yo di mwenmenm ak Ròchnandlo
Se raytren Asko kap kouri
Nou youn pap janm kontre lòt
Menmsi nou bouti lan pwent letènite
Entelektyèl, mounsave, konesè di
Nou se 2 dwat paralèl kap fè kous.
Yo di ankò mwen se pitit deyò
Matchòkò, nen larim Pèletènèl
Malerèz teteplat zafèpabon
Ap souke sou bra
Ròchnandlo se pitit lejitim Pèletènèl
Ki toujou jwenn tout sa li vle
Mande, ekzije, desire.
Mezanmi, se pa kont
Mwen renmen chache

Lè m rete lwa bosal mwen
Moute lan tèt mwen
Mwen tonbe ponpe
Pyafe, pete lòbèy!
Wòl, bisnis Ròchnandlo
Se krabinen Ròchnansolèy
Se kase l pou l tounen pousyè.
Si map chante vwa m anwe
Se misye kape trangle m
Si map chante ak dlo nan je
Se yo ki foure twa dwèt lan je m
Si ou wè m kilbite, tonbe sou bouch
Se yo ki pouse m pa do
Si ou wè map kalonnen wòch
Se dèyè mechanste yo.
Ooo nou pap antre
Priye nan legliz yo ankò!
Yo pote yon bann ti bondye
Ki pa pale lang nou!
Lè nou di priye pou nou
Yo konprann se pi-ye nou!
Lè nou di benise nou
Yo konprann se betize nou.
Ooo nou pap antre
Priye nan legliz yo ankò!
Yo pote yon bann ti bondye
Ki pa pale lang nou!
Lè nou di priye pou nou
Yo konprann se piye nou!Lè nou di benise nou
Yo konprann betize nou.
Ayibob!

(*Fritz Dossous, 1994*)

Jean André Constant

Ochan pou Paul Laraque : Sa kite rete / Ce qui demeure

yon vag lanmò depoze odè tete
ak lonbray gangans Marcelle
nan mitan maleng ou
il y a ton accord
avec tout le corps de la vie
désirée saine et humaine
il y a toi accroché
aux voix désaccordées
des exilés de la bêtise
se pa sèlman lapenn ou
nan simityè yon peyi
an somèy sou po do douvanjou
demeurent tes grands goûts
d'amour rouge pour le tout
des luttes aux grands desseins
comme les veines
de la liberté en conquête
ou le liquide sacré
de tes rives immortelles
wale ak yon moso solèy
ak tout lizay yon pèleren
kap fè lanmò filalang
sou zèl yon sèvolan grandoub
demeure le fil de tes nuits impossibles
dans la turbulence des îles agenouillées
et d'autres métaphores serties
dans le cynisme des grands voisins
wale ak kòlèt ou plen kòlè
ak yon koutodigo nan kè w

pou zago bèf kap fè akrèk
sou lestomak yon fanm
ki sanble ak yon zile
yon pitimi san gadò
yon kabrit lage nan yon rèv
restent tes rives ouvertes
y coulera tout le plasma
de ton amour
de tes amours
et les enfances nées de ton fleuve
y coulera tout le flot de ta course
vers la liberté en essence
ou rete tou kale
nan tout fant rèv libète
demeure l'essence
de ta poésie libre
en toute effervescence
tu demeures en essence

(*Hartford, Connecticut 9 mars, 2007*)

– IV –
Remembering a father, a grand-father, an uncle, a friend, a great poet

(Danielle Laraque, Jack Hirschman, Gabrielle Vimer, Michele Laraque, Marc Laraque Arena, Hatuey, Ashley Laraque-Ho, Max Schwartz, Prosper Sylvain, Jr.)

Danielle Laraque

Memories of Haiti

To my father

Small white and yellow centered flowers joined in a ring
Playing marbles in the dirt yard
A rose garden with a couronne entrance
A view from the slats of my crib
5:30 am mornings overlooking my grandfather as he worked his books
Being loved and feeling special
Bainet with the dogs, and long stretches of beach
The small crabs darting between our feet and scurrying into their holes
My father and grandfather, the center of my world
Krik Krak stories, Creole and riddles
The airplane ride of tears to an unknown land
A homeland lost.

(December 2003)

Jack Hirschman*

A revolutionary poet passes Paul Laraque (1920-2007)

During the past generation, one of the finest poets writing in New York City went virtually unnoticed and barely known to the literary community there, and now that Paul Laraque has died, the world has lost an immense creative force.

His obscurity in New York was because he wrote in the French and Haitian languages.

He passed away on International Women's Day, most fittingly perhaps, because, among men, women never had a stronger advocate for their economic, social and cultural liberty.

He was marginalized as well because he was a Marxist and revolutionary in the best sense of those two words: a man of lyricism in poetry who also was an intellectual in the most constructive manner. He was among those who welcomed Andre Breton to Haiti in 1946, and though Laraque was influenced by Breton's surrealism, it was the lyrical affirmation of Paul Eluard – the poet who was the heart of the soul of Paris during the Thirties and Forties – that was Laraque's true lyrical heritage. He took the torch from Eluard, so to speak, and created a body of work that can be read as an everyday weapon of resistance against the forces of imperialism and corporate greed.

In the great revolutionary tradition of Haiti, like a Boukman drumming in the ears of those yearning for freedom from misery and oppression, Laraque sounded the depths of both voodoo and negritude in making his poems sign for the people of Haiti in their struggles to overthrow the Duvalier dictatorships – both Papa Doc's and Baby Doc's.

In 1988 the San Francisco poet Rosemary Manno translated his ***Camourade*** from French. That book was composed of poems from Laraque's ***Les Armes quotidiennes*** (*Everyday Weapons*), which was the first book of poems in the

French language to be awarded the prestigious Casa de las Americas prize for poetry in Cuba, in 1979. It was published bilingually by Curbstone Press of Willimantic, CT. The following year, with the Haitian poet Boadiba, who is Paul's niece, I translated his *Fistibal* (*Slingshot*), which are his poems written in Haitian. It was published bilingually by Seaworthy Press of San Francisco.

Curbstone Press is now preparing a posthumous edition of his poems.

Laraque who was for many years the Secretary General of the Association of Haitian Writers Abroad, lived in exile from his native Haiti, in Queens, New York. It is a tragic irony that this truly great lyrical poet – in a city that chests itself out as being the center of international communications – barely recognized the genius who was writing a body of work in its midst that is a poetic cornerstone for the future of revolutionary Haiti. Like Paul Robeson, of the African-American tradition, Laraque understood that the liberation of the Haitian masses was a key to the liberation of all peoples – Black, White and Latino – in the Americas, and he lived for that liberation and has left us giant poetic steps on the path to it.

Viv Pòl Laraque! Viv Ayiti!

(*Jack Hirschman is the Poet Laureate of the City of San Francisco*)

Liberty

when you are hungry and don't have food
you're not free
when you're a farmer and don't have land
you're not free
when you're a worker and live in misery
you're not free
when you're a moth and can't speak
you're not free

freedom's our right to harvest wheat we plant
our right to know how to read and write
our right to make poetry
and make love
till daybreak
the right to a life
where everyone works and everyone plays

Paul Laraque
(*Translated from Haitian by Jack Hirschman and Boadiba*)

Exile is Stale Bread

(This poem was read at the funeral parlor by 12 years old Gabrielle Vimer. The poem's original title is "Legzil se pen rasi")

exile is stale bread
a sour orange
it's a withered plant
a cursed fig tree

exile is bitter coffee
curdles milk
a rotten avocado
a mango full of worms

exile is washing your hands
and wiping them on the ground
trading garbage for dust
trading rain for snow
trading a snare for a trap

exile's a vulture
a little demon on a treacherous road
a werewolf in broad daylight
exile's a shark in the sea

exile is prison
Malis' gets political asylum
but Bouki's an economic refugee
exile's a concentration camp

exile without you would be hell
you pulled me from the mouth of despair
in the cold you bring fire
you're the light in the darkness

Paul Laraque
(*Translated from Haitian by Jack Hirschman*)

Michele Laraque (Pralinanmi)

Thoughts for my Oncle Paul

When my dear Oncle Paul went into the hospital in December 2005, it was uncertain if he would make it and continue to grace us, and this earth, with his presence and his joy of life. Faced with looking at the possible death of a loved one once again, the dilemma presented itself to me: what does one say to a person on the brink of passing from this life, how do we tell them how much they are loved, what a wonderful person they are, what an influence they have been in one's life, and how much they will be missed if the unspeakable happens? So, not being able to be physically near Paul at that time I wrote him a letter to try to let him know some of these things. Luckily for us, it was not his time to go yet. I say for us, because for him, life at the end was not easy, or how he would have wanted it to be; but he was a gracious, loving and courageous man, a man of rightfulness, who was always quick to thank one for attention given to him, for time spent with him, for a phone call to him; one who could look beyond his own situation to care and ask about how other people were doing. My Oncle Paul was a gracious man, a true warrior of life, and I can still hear his uplifting voice speaking out to me those last words: "Alo Mimi... comment vas-tu... et les enfants?"

I wrote this poem in December 2005 for my Oncle Paul:

Do we...

How do we act
when death approches
comes close and waits
for someone we love
do we cower in fear
close our eyes afraid to look
do we go about our business

and pretend that it is not hovering
do we turn away and hope
it changes its mind and leaves emptyhanded
do we grab hold of the vise
twisting tightening and screwing our heart
to ease the pain unfolding
do we seek to be with the one
death has come for
give solace
remember the goodness of life
and ask it to be gentle and swift
or do we bargain for mercy straight away
pray for it to go away
and not come back another day?

Marc Laraque Arena

For…

(a poem I'll write for the rest of my life)

For Maria Alicia Rocha Lim first

When asked, "what's it for?"
    say,

For death
    'Til then
    For the molecules we lose
    And where they go
    Say for life
        For it all
        The faces we've seen
        The bodies we've passed
        And passed on
For the suffered
    For those now
    With empty bellies
    And hearts the size of hunger
    And as persistently growing
    For the joyous
        For those who somehow
        Smile amongst the bereaved
        And offer all when there's nothing
        So sound they silence
For the addicted
    To the things man makes
    To keep his family in cages
    Whether through love or drug

They're interchangeable
Matter of fact for love
For what it does and what it can't do
For the tide of it
The swell
And the return
Matter of fact for hate
And the death of it
For when it is absolved
For being a product of loss
And the consumer of minds
For the mind
The way it grows
The synapses closed over time
And the firings that create
Both the real and the imaginary
For the real
For the sentient and the senses
For what is and isn't
The ability to discern between
Here and what's better
For what's better
Whatever we think that is
It may not be better than this
But for the effort to make sure
For that too

For the imagined
And those who dream
Who see the real as unfinished
And the dream as a blueprint
Who improvise utopia
For the Promised Land
For the bounty we have to offer
For the exchange and the barter
For the money, but never for that
So for the wealth, never money

For what?

For the impossible phrase
  The cure we can't find
  The inspiration that doesn't exist
  And for the something we need
  But can't define
  For the what
    The knowledge of not knowing
    For that being better than knowing
    And for the inexplicable noticed
    And for when we know
For so much
  For it all
  For you and for us
  For the abolishment of the I
  And for the permanent we
  For gravel
    And sand the time it took
    For walking upright
    Opposable thumbs and the wheel
For names and bodies
  The movements they make
  The slow roll of hips
  The pressure of lips
  And the rhetoric they spit
  Oh man for woman
    Self-defined and the future
    The fit and the puzzle we complete
    For the wisdom and whatever
    For everything she wants
For the child
  For mine and for the growing
  For the innocent and appreciative
  Left alone in a cold world
  But kept warm by the lived

For the end of this poem
Whenever it comes
For what it can't include
Which is everything but what's here
For the homage this is and can't be

Hatuey Laraque Two Elk

Short memories of family gatherings
filled with laughter and excitement.
Smiles open to jokes and breathe
with life, full of joy and love.
Food, delicious and unforgettable,
created with a natural knowledge and flavored
with years of tradition and a taste
only created with a heart, loving and loyal.
Strong fingers and a strong laugh
poke my ribs and create an urge
to scream and squirm with uncontrollable
gaps for air, which only last momentarily.
He goes, and continues his conversations and
jokes and laughs.
That strong laugh.
I will always remember the man who
was happy and gifted with a wisdom of
poetry and life. The man who commanded
attention just with words escaping his mouth
whether written or spoken casually. The man
whose voice spoke strength and tranquility
at the same time. The man I call, Uncle Paul.
I will always love you Uncle Paul.
I miss you.

Ashley Laraque-Ho

Shadows

Shadows creep along dark alleys
Shifting, melting,
Growing, dissolving.

Deep in the night
When most are asleep
The shadows come to haunt.

Shadows of nobody
Shadows of you
Shadows of everyone.

Shadows that belong
To no one and everyone
Shadows that change and follow nobody.

Shadows live on
To the end of Time
Shadows beyond time and space.

Where goes solid matter
Shadow follows
But one.

One shadow grows apart,
Becoming many.
This shadow is many things.

This shadow
Is the monster in your closet
And your fear of the dark.

This shadow is The Shadow, the end of all.
This shadow
Is the end of stories
And books.

The end of years
And centuries
Millenniums and decades.

But overall,
The end of
The Three.

Time
Life
Space.

The Other Shadow
Is all these things
Created from Everything and Nothing.

Max Schwartz

Poem For Paul Laraque's Amaze'ing Life Ov Indomitable Service and Struggle

Paul Laraque is dead

Lilac's lily's roses
Refuse to bloom
The high holy sun refuses to rise
Earth's gravity refuses to hold us to Earth's skin
The full moon refuses to shine
The Haitian peoples blood bursts thru their valiant hearts in grief
In precious holy Cuba Fidel Castro is spin'ing in great circles ov horrible agony
His brother Raul weeps river of tears

Paul Laraque is dead

Time refuses to advance
The entire Earth is caught in agonized horror at this
Amaze'ing mans return to Earth
There is a cataclysm shriek ov aghast
Paralization ov all blood-flow on Earth
The earth itself refuses to rotate

Paul Laraque is dead

All the animals ov Earth refuse to advance they are struck-dead
Aside avalanches ov terror and grief
This great magnificent hero ov lucha-struggle
Has left the human race bereft ov hope ov a tender peace'full future

Paul Laraque is dead

He becomes a great eagle
Soar'ing across time annoint'ing humanity with
Infinite courage to make our Earth
A planet ov peace and harmony

(*Max Schwartz, Poet, photographer, March 2007*)

Prosper Sylvain, Jr.

Paul Laraque (Pòl Larak) has been a great influence on many modern poets today, especially spoken word poets. I have had the pleasure of seeing Paul Laraque perform traditional as well as spoken word poetry and have been fascinated by his idioms, his use of language and his political bite. The poetry community as well as the artistic and cultural community as a whole is greatly saddened by the loss of this pen, this pencil, this great paper and great mind whose endless ocean of poetry has touched all of our shores... this man, Paul Laraque.

You memorialized and eulogized Félix,
the Kreyòl king, le roi
and then
wrote on my helix
with a poetic acupuncture of words
that proved how government was an appendix
with unknown function.

You severed ties
put a mirror to lies
so that you could tie
words and activism
together in a knot
to rodeo and entice action out from your pages
and social cages
to grab bulls by their horns.

Your candle
it danced
and romanced
within an Open Gate
within the exiled cave
where Plato's allegories
turned shadows into realities
for all to see.

Marcelle is even happier now
happier that you can now hold hands
after crossing these burning sands
to go stay with her,
but what have you left,
not only to your biological sons and daughters,
but to your children, your rising suns
and rising sons,
your daughters and doubters,
the new writers
who looked to your candle as a beacon of hope...

what have you left?
a candle filled with ink
still burning
eternal and always yearning
in our own hearts
to continue

where you left off.

(*March 12, 2007*)

– V –
8 mars 2007 : on s'en souvient
8 mas 2007 : nou pap bliye

(Anthony Phelps , Rodney St Éloi, Gérard Etienne, Eddy Mésidor, Emmanuel Gilles, Frantz Ludeke, Fritz Clermont, Camille Gauthier, Kern Delince, Raymond Chassagne, Jean Gateau, Jean-Claude Valbrun, Max Manigat, Tontongi, Jan Mapou, Denizé Lauture, Roger Savain, Michel-Ange Hyppolite, Frantz Latour)

Anthony Phelps

Pour Paul Laraque

Montréal, le 8 mars 2007

Fidèle à Marcelle, le poète a choisi la Journée internationale de la femme, pour nous quitter.

Avec la mort de Paul Laraque, je perds un ami très proche, un frère en poésie. Depuis la disparition de Marcelle, sa femme, le goût de vivre semblait l'avoir abandonné.

Patriote et homme de gauche, il a gardé jusqu'au bout ce qui, pour moi, le caractérisait le mieux : son honnêteté.

Il y a trois ans Paul me confiait : « Je suis resté fidèle à l'amour, à la liberté et à la poésie ou, en termes plus concrets, à Marcelle, à Haïti et à moi-même ».

*****

Rodney St Eloi

J'ai aimé par dessus tout cet homme vertical, qui sait dire NON. Paul Laraque a vécu jusqu'au bout avec ses idées. Il aimait l'amour, la poésie et la révolution. De sa vie à sa mort, c'est ce qui demeure : l'essentiel. Le refus de la bêtise et de la lutte contre toutes les formes d'exploitation et d'avilissement de l'homme.

Paul Laraque, en soldat marron, a combattu toute sa vie l'Occupation. Né sous l'occupation en 1920, il est mort le 8 mars 2007 sûrement l'amertume au cœur, avec un pays occupé.

*****

Gérard Étienne

Étant homme malade, je ne pourrai pas prendre l'avion pour aller assister aux funérailles d'un homme pour lequel j'éprouve une grande admiration en tant que poète, révolutionnaire et ami. Paul a été surtout mon guide depuis la publication de mon deuxième livre de poèmes en 1960 (***Plus large qu'un rêve*** dans lequel un chant poétique lui a été dédié) jusqu'en 1986 où sollicité par la presse de toutes les provinces maritimes du Canada pour commenter les événements en Haïti, c'est lui que j'ai appelé à New York pour me suggérer des points saillants de cette conférence de presse. Alors que tout le monde jubilait de joie, Paul le révolutionnaire me disait que cela ne faisait que commencer, opinion qu'il a soutenue en présence de Maximilien Laroche où nous avions été prendre un morceau dans un petit resto à New York. Paul est selon moi le grand compatriote qui est venu à la révolution non pas à cause des frustrations et des rejets sociaux, non pas à cause de l'influence des groupes (donc du conditionnement), non pas à cause des préjugés hérités du féodalisme, mais à cause de ses profondes convictions dans une lutte à gagner contre tous les ennemis de notre peuple.

(*Gérard Etienne, poète et écrivain, Montréal, 8 mars 2007*)

*****

Eddy Mésidor

Je suis réellement désolé d'apprendre la nouvelle de la mort de Paul. Ironie de la vie, c'est chez toi (Max Manigat) que j'ai fait sa connaissance, à cette grande réunion avec les écrivains du *Collectif Paroles*. Ce soir-là on a tellement blagué qu'on se croyait déjà de vieux copains.

Paul laisse le souvenir d'un homme d'une grande urbanité et d'une sensibilité sans égale. C'est bien malheureux que rien ne soit éternel. Sauf le temps ! Le temps de se rappeler les bons exemples des êtres qu'on croit toujours vivants même lorsqu'ils ne sont plus...

A toi personnellement, je te remercie de nous avoir mis sur le parcours de ces grands Haïtiens qui n'ont rien à envier aux hommes illustres de ce monde.

(*Eddy Mésidor, enseignant et écrivain, 8 mars 2007*)

*****

Emmanuel Gilles

Je viens de lire sur Internet un article relatant la mort de Paul Laraque. On ne peut rien contre la mort, mais Laraque fut un officier de valeur. La première fois que je pris contact avec lui, ce fut en 1960, j'étais alors inspecteur (SS) du département du Sud, et c'était à Jérémie pour la fête patronale de cette ville. J'étais en compagnie de Max Chicoye alors commandant du Département Militaire du Sud. Au cours des conversations échangées entre eux, j'eus l'occasion d'entrevoir un aspect de sa grande culture. C'était l'une des très rares fois que j'entendais un militaire parler de poésie, de littérature, d'histoire, etc. J'en fus étonné et émerveillé. Malheureusement, Duvalier l'a fauché en plein essor ; le dictateur ne pouvait tolérer cela. Lui seul devait posséder la science et la culture. Hélas ! Quelle science ? Quelle culture ? Le macoutisme.

RIP

(*Emmanuel Gilles, M.D., ancien colonel SS des F.A.d'H., Floride, 8 mars 2007*)

*****

Frantz Ludeke

C'est un homme que j'ai connu surtout et d'abord par Frank Bayard qui l'a apprécié et admiré comme un ami, un frère dans les Forces Armées d'Haïti et dont les idées et idéaux civiques, politiques et humains se rapprochaient énormément. Paul fut un grand patriote et un homme qui aimait tous les hommes honnêtes, de quelque milieu modeste ou plus connu socialement que cet homme ou cette femme provenait. Il fut un grand patriote et nationaliste haïtien, dans ses œuvres et actions, comme dans plusieurs de ses écrits. Je me rappellerai toujours son amabilité, son humour, son grand cœur. Un jour à Washington, D.C. chez Frank Bayard, il eut à dire, à l'étonnement de plus d'un : « Vous savez, je suis également artiste... à mes heures. Je campe, je pousse de la cire brûlante. Il m'est même arrivé de faire des statues vivantes ! ». Quel esprit !

Quel humour !

Que la terre lui soit légère.

*****

Fritz Clermont

La mort de Paul Laraque doit être acceptée avec une grande peine pour ceux qui ont eu un contact quelconque avec cet homme qui laisse sa marque dans la conscience et dans l'intelligence de chacun de nous.

Paul Laraque a suivi le marxisme-léninisme avec une conviction qui montre la passion d'un militant pour réaliser la révolution. Son existence a été marquée, avec intransigeance, par l'orthodoxie du communisme.

Paul Laraque a été le militaire-poète qui a écrit une poésie engagée pour dénoncer les inégalités et les préjugés de la société. Son humanisme s'est acharné à réclamer l'égalité des conditions des hommes. Pour Paul Laraque, la poésie est une arme pour combattre l'impérialisme et pour promouvoir l'ère nouvelle. Malheureusement, Paul a vu passer le train de la faillite de l'internationalisme prolétarien.

Paul Laraque est un exemple à suivre dans le cadre du respect des principes idéologiques et des convictions pour le changement des conditions d'existence de l'homme. Il est une grande inspiration pour la recherche d'un humanisme qui promulguerait la liberté pour tous les hommes.

Avec regret, le passage de Paul Laraque m'enlève les occasions des dialogues fructueux et agréables avec lui, qui m'apportaient un savoir très goûté et apprécié. Un maître est parti.

*****

Camille Gauthier

Le départ de Paul Laraque a laissé un vide dans la communauté haïtienne. C'était un patriote honnête, intègre, sincère et conséquent. Dans ces malheureuses circonstances, nous faisons parvenir, au nom de toute l'équipe du magazine

Panacea et de la Fondation Toussaint Louverture nos plus sincères condoléances à sa famille, à ses amis et en particulier à son frère Franck.

Paul est parti mais ses œuvres littéraires et poétiques, comme un phare, serviront de guide à tous ceux, jeunes ou vieux, qui veulent lutter sincèrement pour une Haïti libre et libérée et pour sa seconde indépendance.

*****

Kern Delince

Le colonel Paul Laraque était un homme à part. Officier de carrière atypique depuis 1941, il présentait la plupart des qualités essentielles à la condition de chef, en particulier compétence technique et administrative, loyauté vis-à-vis de l'institution militaire, impartialité, rectitude de jugement et surtout courage physique et moral.

Lorsqu'il prend ses fonctions d'Assistant chef d'état-major général, Paul est parfaitement lucide sur les graves problèmes de l'armée et l'étroitesse de la tutelle exercée par le régime de dictature personnelle instaurée en 1957, en violation de la Constitution, des lois et du règlement sur le service de l'armée. D'autre part, la création de la milice présidentielle avait contribué à dépouiller la force publique de l'exclusivité de la fonction de sécurité interne. L'institution est déjà à la limite du dépérissement.

Dans cette conjoncture très défavorable, Paul estime cependant que son devoir est d'assurer la protection de l'armée, de ses cadres et de ses services contre les abus les plus flagrants du pouvoir politique. D'un mérite inestimable, cette vocation lui valut éventuellement la méfiance et l'hostilité de la présidence de la République qui mit un terme brutal à sa carrière, le contraignant à l'exil.

Intellectuel de gauche et adepte du socialisme, Paul avait le sens des réalités nationales et déplorait amèrement l'action des oligarchies qui s'obstinaient à maintenir les masses populaires dans l'ignorance et la pauvreté. Il était conscient de la sévérité des contraintes de la dépendance à l'égard de l'extérieur, principalement des grandes puissances impérialistes.

(*12 mars 2007*)

*****

Raymond Chassagne

C'est toujours avec une inévitable douleur que nous saluons le départ de ceux qui ont voué leur vie au combat contre le sous-développement. Et cela, même si nous savons que la mort physiologique demeure le destin le plus certain de l'homme.

J'ai presque intimement vécu avec les Laraque, avec Franck surtout. On discutait souvent des bouleversements – sanglants la plupart du temps – qui jalonnent notre histoire. Je me souviens de l'ardeur de Paul, dans l'assentiment comme dans le désaccord.

Poète militant, il emportera notre admiration née de sa passion du destin de l'homme haïtien sur une terre trop souvent exterminatrice par la faute de ceux qui l'habitent, de ses élites surtout.

Nous savons gré à Paul d'avoir combattu ces déviances.

(*Mars 2007*)

*****

Jean Gateau

Nous avons tous été émus par la nouvelle du décès du poète et écrivain Paul Laraque. En ce qui me concerne, j'ai connu Paul au moment où il a été affecté au Grand Quartier Général des F.A.d'H. à titre d'Assistant chef d'état-major général. Le chef d'état-major général était le général Pierre Merceron, son beau-frère. Deux mois après, Paul Laraque, homme progressiste et humaniste, me convoqua à son bureau pour m'entretenir au sujet de deux projets qui lui tenaient à coeur. Le premier était de créer un musée des Forces Armées d'Haïti, et le second consistait à prendre les dispositions nécessaires en vue d'ouvrir les portes de la bibliothèque de l'institution militaire au grand public.

Pour mettre en exécution le premier projet, je me suis rendu au Cap-Haïtien en vue d'obtenir de la municipalité le transfert des pièces historiques ayant appartenu à des militaires et qui faisaient l'objet d'une exposition permanente à la mairie. Les responsables de l'édilité s'y opposèrent en faisant remarquer à juste titre que la ville n'entendait pas se séparer de ces pièces qui attiraient un certain nombre de visiteurs et de touristes. J'ai compris et je suis reparti à Port-au-Prince. Il restait une autre initiative, celle de se tourner vers les collectionneurs privés tels les Mangonès, Enock Trouillot et tant d'autres, afin de procéder à l'acquisition éventuelle des documents et pièces historiques. Et pour cela il fallait obtenir une ligne de crédit. Ce qui dépassait, et de loin, les pouvoirs de Laraque.

Pour ce qui a trait au deuxième projet, rien ne semblait contrarier sa réalisation. Il suffisait d'informer les personnels de l'institution pour voir arriver les étudiants et les chercheurs. Mais peu de temps après la mise en marche de cette initiative, des événements politiques ont porté l'état-major à mettre les militaires en « Condition D ». Dès lors l'accès de la bibliothèque ne pouvait être accordé au grand public.

Je me souviendrai toujours de ce militaire pondéré dont la carrière a été interrompue parce qu'il rêvait d'une armée intelligente, bien structurée et au service de son peuple. Quand, soupçonné de conspiration, le gouvernement lui offrit la possibilité de partir, il eut le courage de subordonner son consentement à la libération de ceux que le pouvoir considérait comme ses conjurés.

*****

Jean Claude Valbrun

Je suis Jean-Claude Valbrun et j'habite à Paris. Je ne connais Paul Laraque que par ses œuvres et par sa réputation

d'homme intègre. Au concert d'hommages rendus à la mémoire de l'homme, de l'écrivain, du poète et par dessus tout du militaire, auteur de ***Sòlda mawon*** et de tant d'œuvres à caractère révolutionnaire, je tiens à ajouter ma voix sous la forme laconique du commandement ci-après :
Question : Comment peut-on être militaire en Haïti, le rester dans la dignité et la constance et être respecté de tout le monde?
Réponse : Il faut être de la trempe d'un Paul Laraque.

(*12 mars 2007*)

Max Manigat

Pòl Larak (Paul Laraque) (1920-2007)
Mwen nonmen non ou...

Jedi 8 mas 2007 sa-a nan mache Sent Elèn Jeremi, gan yon bri ki konmanse kouri : youn nan mesye Larak-yo, sa ki te ansyen kolonèl Lame d'Ayiti-a, nou kwè se Pòl Larak li te rele, mouri Nouyòk. Pi jenn machann yo di yo pa konnen moun sa-a, sa ki pi vye yo kwè yo chonje non-an. Yon tonton ki t'ap pase kanpe, li te deklare : « Kouman fè nou pa janm tande non Pòl Larak, se moun Jeremi, se powèt, ekriven ki toujou defann kòz malere. Koute radyo n'a konnen sa k'ap di sou li. » Sa l'fin di-a, wonnonwonnon-an grandi, telefòn selila konmanse bouyi, nouvèl-la pran lavil-la pou li. Men kote li soti ? Sanble se gason lakou Misye Entèl la ki te founi zòrèy li pou vole de mo nan yon konvèsasyon mèt kay-la ak madanm ni pandan kuizinyèz-la t'ap sèvi yo kafe a 6-è dimaten.

Nan mache Kwa Bosal, nan Site Solèy, nan Raboto Gonayiv, nan Lafosèt oKap, pawòl la pral pale tou men pa ganyen anpil moun ki sonje ni non ni repitasyon Pòl Larak.

Nouvèl-la kontinye gaye. Pou vè midi konsa, Absalon nèg Leyogàn ki vann sirèt nan yon bak devan Otèl Plaza sou Channmas Pòtoprens te gan tan ap resite sa li pran nan radyo. « Gran patriyòt, powèt revolisyonnè Pòl Larak, ki malad depi kèk tan, kite nou jodi-a 8 mas 2007 a 5-è dimaten. Pòl te yon ansyen kolonèl Lame d'Ayiti men li pa te fè bann ak lòt ofisye ki t'ap maspinen pèp-la. Divalye te voke-l, li te pati an ekzil an 1961. An 1986, li te tounen nan peyi-l men sa l'te wè te ba li degoutans. Li te pito vire do-l al viv Nouyòk. »

Bèlis ki t'ap koute entèwonp Absalon : « Kisa nonm sa-a te fè pou malere pou w'ap plede voye-l moute konsa ? » Absalon kuipe-l : « Se konprann ou pa konprann sa "grand patriyòt ak powèt revolisyonnè" vle di. Poukisa ou pa mande ? » De twa lòt aryennafè ki te sanble pete ri kwa! kwa! kwa! Bèlis konfòme-l. Li kite Absalon pale.

Se konsa, nan chak kwen, bò tab machann chen janbe-yo, nan taptap, nan otobis, nouvèl lanmò Pòl rive jwenn pèp li te goumen pou li-a. Jounal, radyo, televizyon pral ekri, pale, montre lavi ak zèv li pou plizyè jou. Nou mache Sent Elèn, nan mache Kwa Bosal, nan Site Solèy, nan Raboto Gonayiv, nan Lafosèt oKap, nan Savann Okay... kankannèr, merilan, machann kenkay, chany, bouretye, yo tout ap kontinye monte desann-yo, vire tounen yo. Te gan yon nouvèl yon gwo gason ki rele Pòl Larak mouri men timoun-yo grangou lakay n'a di pòdyab pou li men nou pa ka kanpe.

Epoutan, Pòl te konprann tray malere, li t'ap batay pou wè si sò-yo ta chanje. Pòl se sa Ameriken rele « role model » pou plizyè nan nou ki kwè mete plim sou papye gan enpòtans-li. Se pa sèlman pou kalite pwezi li men pou tout jefò li plede fè pou mete lang kreyòl-la kanpe sou de pye-l. Apre ***Fistibal***, li te mete ***Sòlda mawon*** deyò, apre sa ***Lespwa***. Tout pwezi franse-li rasanble nan ***Œuvres incomplètes*** : *Ce qui demeure*, *Camourade*, *Les Armes quotidiennes / Poésie quotidienne* ki pote pri Casa de las Américas nan Kiba. Se pa nwasi papye pou pale bèl franse ; se zam plim-nan tounen pou atake tout lènmi pèp-la.

Pòl ganyen yon plas espesyal nan Sosyete Koukouy pou travay san pran souf-li pou lang kreyòl-la kriye wonz toupatou. Nou p'ap kriye pou sòlda mawon-an, n'ap pito kanpe kinalaganach pou kenbe drapo li lonje ba nou avan l' tonbe-a.

Nicole, Claude, mwenmenm, n'ap di fanmi Pòl, pitit li yo : Max, Serge, Danielle, pitit-pitit li yo, zanmi nou Franck frè li, nyès, neve ak fanmi pa yo, ti nyès, ti neve, bofi, bèlfi, zanmi, asosye: kouraj pou pase move pa sa-a. Souvni Pòl p'ap janm mouri. Pyebwa li plante a gan tan leve, li fleri, li bay grenn ki pouse deja.

(8 mas 2007)

Tontongi

Pou selebre memwa Pòl Larak

Lanmò Pòl Larak akable mwen anpil, men mwen kontan li pa nan soufrans ankò, e l'al fè wout li avèk tèt li dwat, avèt tout rèv li de yon demen ki ka miyò.

Mwen konnen Pòl Larak depi 1977. Nou kontinye wè lòt chak tan mwen gen chans pase wè misye nan Nouyòk. Lè nou fèk fonde jounal *Tanbou* nan Boston an 1994, misye te premye moun ki te voye 2 atik pou nou, youn se yon powèm kreyòl ki rele « Tanbou libète » li dedye pou mwen, lòt la se yon esè an franse li titre « Hommage à Jean Métellus ».

Pòl se youn nan pi gran powèt ventyèm e venteinyèm syèk la ki mare pwezi ki alafwa lirik, bèl e sireyalis avèk yon konsyans politik pou « chanje la vi ». Pou li pwezi ka tounen yon « zam de konba » bò kote pèp kap goumen yo kont eksplwatasyon de klas, dominasyon etranje e alyenasyon kiltirèl, nan tradisyon Jacques Roumain, Masillon Coicou, Louis Aragon, Nicolas Guillén, Pablo Neruda, elatriye.

Anplis de trè bèl izaj li fè de lang kreyòl ak lang franse a, de lang misye matonyen avèk yon kout plim rafine, imaj nou retni de Pòl Larak se imaj yon nonm ki inebranlab nan angajman li pou jistis sosyal ak liberasyon politik mas ayisyen yo, nan yon manyè ki transande konjonkti istorik espesifik yo. Misye te esperyanse anpil desepsyon politik kè mare, san retire abolisyon Linyon Sovyetik e demantibilasyon mouvman popilè ayisyen an aprè van lespwa ki te soufle an 1986 e 1991 yo, men li pa janm montre ankenn siy dekourajman, ni dezesperans. Misye rete jiskalafen yon chanpyon defansè endependans Ayiti ansanm ak koz pou egalite politik e liberasyon moun an jeneral. Misye rete jiskalafen yon nonm ki gen konfyans Ayiti ap yon jou vin bèl e nourisan ankò pou pitit li yo, libere de dominasyon etranje, e pèp la libere de eksplwatasyon de klas. Misye ap manke nou anpil.

Jean-Paul Sartre te pale de imòtalite yon ekriven ka vin jwenn nan sans zèv li, praksis politik li ak ideyal imanis li ka pase bay de jenerasyon an jenerasyon, depase pousyè kò finitid endividi-a. Mwen kwè menmman-parèyman pou Pòl Larak. Lespri konba misye pou chanje lavi pap janm mouri.

(Tontongi se editè anchèf jounal **Tanbou**, *sou entènèt: www.tanbou.com)*

Jan Mapou

Lareverans pou yon vanyan gason : Pòl Larak

Mèkredi 8 mas, 7-è dimaten. Pandan n'ap degoudi pou nou salwe yon solèy tounèf, telefòn nou sonnen. Se te Koukouy Max Manigat ki t'ap rele pou l'anonse zanmi nou, frè nou, Pòl Larak kite sa. Se ak anpil tristès nan vwa Maks nou tande li di : Ti Pòl kite nou. Wi Paul Laraque, kouzen Ti Pòl se konsa nou te rele grandèt-la pou li ka kenbe jenès li vitan-etènam. Ti Pòl sefwe. Tan kagou lamenm. Jeneral solèy leve nan lapenn.

Nan Nouyòk nou te viv kon frè. Rive Miyami, se toujou ak plezi Ti Pòl ak frè li Frank konn voyaje, vin pote limyè lakonesans pou kominote-a. Pòl se te Sekretè Jeneral Asosyasyon Ekriven Lòt Bò Dlo. E se konsa an 1981 apre m'te fin pibliye ***Pwezigram***, li mande-m pou mwen vin jwenn yo nan asosyasyon-an. Li di mwen : « Mapou, ou se premye ekriven ayisyen ki ekri esklisivman an kreyòl. Ou orijinal. Lè w'ap ekri, panse ou klè kon dlo nan plenn. » Nan epòk sa-a, chak senmenn mwen te konn ekri yon atik nan *Haïti Observateur*... Nou te ekri sou tout sijè. Nou te konn pote bonjan nouvèl literè an kreyòl. Nan ane 70 yo se te sèl ekip jounalis ki te konprann toutbonvre enpòtans zam kreyòl la nan batay politik yo t'ap mennen kont Divalye yo. Pòl se youn nan premye koukouy yo. Li te santi li fyè pou li wè jan ni li, ni Moriso Lewa, ni Emil Woumè, ni Pradèl... apre yon batay chen anraje nan gagè literè-a te jwenn yon gwoup jennjan nan Sosyete Koukouy ki te deside kontinye batay-la.

Tankou anpil bon powèt, mizisyen chantè, Pòl Larak fèt Jeremi. Li te konn ekri sou non Jacques Lenoir. Tankou Ti Pòl nou tou, nou te chanje non nou nan moman diktati Divalye-a. Apre nou fin fonde Mouvman Kreyòl Ayisyen-an nan ane 1965, anpil nan nou te boukante bon non nou. Nou chak te gen yon non vanyan tankou : Pyè Banbou, Jan Tanbou, Jan Mapou, Degoutan,

Ti Nèg, Papiyon Nwa, Pyè Legba, Sousou Wozo, Djo Alèlè, Choukoun, Kaptenn Koukouwouj, Idalina... Se te yon fason pou nou lage bouya sou chemen lennmi-an. Tout ekip moun sa yo t'ap travay pou pote yon ti limyè nan tenèb iyorans pèp-la kote 85% pa te konn ni li, ni ekri.

Pòl Larak fèt nan mwa septanm nan lane 1920 nan Jeremi. Li mouri 8 mas 2007 nan Nouyòk. Kidonk li te gen 86 ane plis 5 mwa. Li te koumanse etid li nan vil Jeremi epi l'al kontinye yo Pòtoprens. Apre filo, li rantre akademi militè an 1939. 2 ane pita li soti ak yon V grad ofisye sou zepòl li. Bèl gason, byen kanpe devan Letennèl, li te aprann manyen zam pou defann peyi li. Men se pa tout. Li te gen yon vizyon pou peyi li e se ak plim li li te koumanse esprime sa ki nan panse-l. Li ekri anpil bèl powèm pike nan jounal epòk la tankou zanmi-kanmarad Moriso Lewa, Emil Woumè, Klod Inosan ak Frank Fouche...

An 1945 yon gran ekriven sireyalis franse ki rele André Breton rantre an Ayiti. Pòl te youn nan moun ki te al resevwa-l ayeropò. Se te youn nan pi bèl rankont nan vi-l e kèlkanswa kote li ye, li pa janm rate raple nou rankont sila-a kite yon manman sikatris nan vi literè li.

An 1979 Pòl Larak pran pri literè Casa de las Américas, premye ekriven ayisyen ki ranpòte pri sa-a. E se tout powèt ayisyen nan epòk la ki te bat bravo pou li. Li te pote premye pri ak yon rekèy powèm : ***Les Armes quotidiennes / Poésie quotidienne***. Pri sa-a ponpe lank nan plim li e se chak mwa Pòl Larak pibliye atik, fè konferans osnon pibliye liv. Bonkou nan liv li yo tradui an espayòl, an angle ak italyen. Nan ane 1981, l'al Kiba kòm manm jiri Casa de las Américas k'ap etidye epi klase travay lòt ekriven te voye bay komite-a.

Pòl Larak s'oun nonm entelijan, trè senpatik, yon gason ki chaje ak konviksyon, yon militan sensè, venndegende, ki bat tout militan nan domèn sosyalis la ; menm René Dépestre ki te chanje kazak fè bèkatè nan batay la. Ti Pòl limenm rete konsistan, drèt kon flèch palmis toujou fidèl nan konviksyon li jouk li mouri. Pou Ti Pòl, sistèm sosyalis se meyè sistèm pou ede Ayiti soti nan katyouboumbe li ye-a. Enperyalis ap trangle Kiba ak yon pat-gagann pandan plis pase 40 lane, malgretou, Kiba rete yon modèl reyisit sistèm sosyalis-la. Fidèl toujou ap lite. Nouvo jenerasyon-an ap òganize yo. Ti Pòl gen konfyans nan sistèm nan e li pwouve li nan konpòtman li, nan ekri li ak nan pale li. Se konsa, Franswa Divalye te fè-l kite peyi-a, pran lekzil an 1964 akoz pozisyon politik li. Yo te menm dezabiye-l, retire nasyonalite ayisyen-an sou li. Lè JC Divalye tonbe an 86, li te swaf lakay. Li retounen lakay e se men nan bouch, dlo nan je li te konstate nan ki kondisyon ansasen yo te kite peyi-a. Filozofi Aristid t'ap preche te rantre nan santiman-l. Se te yon etensèl espwa. Li te rantre nan peyi-a pou l'al viv, pataje konesans li ak jenès la, pote ti gravwa pa-l nan rekonstriksyon peyi-a. 1991, koudeta. Aristid tonbe. Yo touye frè li Gi Larak. Pòl ak madanm ni Marcelle retounen an ekzil nan Nouyòk. Pito sa, pase malgre sa.

Pòl Larak mouri Nouyòk, mèkredi 8 mas, li te 5-è dimaten apre yon maladi manch long nou ta kab di ki vin anpire depi apre lanmò madanm ni Marcelle Pierre-Louis. Chagren te anvayi kè-l. Lavi-a te fad. Kontinye viv san Masèl tounen yon ekzistans makawon san vi, san sèl. Li mouri kite 3 pitit : Max, Serge ak Danièle. Li kite frè-l, kavalye polka li, Frank Larak ak yon makòn ti lèzany pitit-pitit. Pòl se te yon Granpa osnon yon Tonton yo tout te renmen.

Pòl Ekri plizyè liv : ***Ce qui demeure***, ***Fistibal***, ***Camourade*** ke Rosemary Manno tradui an angle ak entwodiksyon Jack Hirschman, ***Sòlda mawon***, *Liberty Drum* powèm kreyòl/franse. Li patisipe nan piblikasyon yon antoloji kreyòl/angle ki rele ***Open Gate*** an 2003 ak kolaborasyon Jan Mapou, Maks Maniga, Jak Hirchman. Li pibliye ak frè-l Frank : ***Haïti : La lutte et l'espoir***.

Tout liv sa-a yo franse osnon kreyòl esprime yon sèl bagay : Pwoteje, ede, sipòte tout moun y'ap oprime, tout moun ki anba bòt esplwatasyon. Noutout sou latè nou la pou nou viv. Viv lib. Viv nan lanmou ak fratènite.

Malgre mouvman sosyalis-la pran baf ak miray Bèlen-an ki kraze, Inyon Sovyetik ki chanje kazak, militan lakay ki gaye, Pòl pa te janm pèdi lespwa. Dayè se tit dènye liv li ekri nan lang kreyòl-la : ***Lespwa***. Yon grap pwezi kreyòl, Collection Mémoires pibliye an 2001. Tout vi-l li te kenbe kin. Li pa te janm faya. Pwezi li ekri, Ti Pòl di nou, se eksplozyon, yon melanj lanmou ak libète, rèv ak revolisyon. Mechanste jounen jodi-a ak lespwa pou yon pibon denmen. Se istwa nou ak kilti peyi nou ki brase ansanm ki va trase chemen pou dezyèm endepandans lan.

Nou fè lareverans devan kadav Pòl Larak : yon vanyan gason !

Denizé Lauture

Zafè renmen Pòl ak Masèl Larak

Sete yon jou ra, yon bèl jou tout linivè tap mache nan lapè, san lagè. Tout nanchon, tout lwa sou tè Ayiti Toma te reyini pou yo fè lanmou. Tye youn te makònen ak tye lòt. Men youn te nanmen men lò. Youn tap bo ak lòt. Tout tap fè gwo lanmou ansanm.

Yo te vlope ak yon gwo dra. Yon dra yo te rele Renmen, Libète, Fratènite, Lanmou, Pwogrè, sou yon matla ki te genyen menm non. Lè lalin plenn ta prale kouche, lè solèy ta pral leve, lwa yo pran dra yo ak matla yo pou yo te al kontinye fè lanmou nan yon rak bwa. Lè yo antre nan rak la yo jwenn yon nonm dife solèy ki rele Pòl ak yon fanm dousè siwo myèl ki rele Masèl ap dòmi toutouni sou fèy bwa rak la.

Tout lwa yo met tèt ansanm. Yo fè somèy Masèl ak Pòl vin pi di. Yo glise matla anba Pòl ak Masèl. Yo vlope Masèl ak Pòl ak bèl dra a ki pentire ak penti lanmou tout lwa. Lè maten bèl solèy balanse Pòl ak Masèl te leve jwenn kò yo, nanm yo, vlope, makònen ansanm anba yon dra, sou yon matla ki te genyen tout bèl koulè lanmou tout lwa.

Se sa ki fè zafè renmen Masèl ak Pòl, zafè renmen Pòl ak Masèl se yon bagay menm nèg Ginen paka konprann ; se yon bagay okenn sanba pap janm ka boula byen boula.

Roger Savain

Ann koute Pòl Larak pale

« *Pòl Larak se youn nan gwo vwa verite-yo* », Lorens Fèlenngeti deklare. Pòl li-menm di li pa konnen si li gen yon « gwo vwa » men li asire li gen yon vwa verite. Li di :

« Atak teworis kont Sant Biznis Mondyal nan Nouyòk-la epi kont Pentagòn-nan mande kondanasyon san rezèv, men yo pa jistifye yon lagè. Dayè kit se sou Irak, kit se sou Bosnya, bonbadman popilasyon sivil, lopital, lekòl ak sant kominotè te fèt anvan atak kont Etazini ki te kwè li te pwoteje kont reprezay.

« Teworis fanatik pa akseptab kit yo reprezante gwoup relijye oswa politik, kit yo reprezante yon leta. Kondanasyon inivèsèl aksyon konsa dwe aplike pou tout peyi kit li gran kit li piti, kit li rich kit li pòv, kit li kapitalis, kit li sosyalis. Teworis ki pa akseptab nan Etazini pa dwe tolere kont Kiba.

« Map swiv chemen Jak Woumen te trase. Negritid revolisyonnè li-a te debouche sou solidarite tout travayè mannyèl kou entèlektyèl, tout moun oprime sou latè-a san distenksyon ras oswa koulè po. Tout pèp lib chwazi kwayans relijye pa-li oswa konviksyon ideolojik pa-li. Pa gen antagonnis san akomodasyon ant libète endividyèl ak byennèt kolektif.

« Paske langaj pwezi pa sèlman langaj kominikasyon men tou langaj bèlte jan li ekri gen menm valè ak sa li vle di. Transfòme lemonn jan Maks preskri-l epi chanje lavi jan Renbo pwoklame-l se ideyal pwezi revolisyonnè ki marye bote ak verite... Wòk Dalton ki mouri nan batay pou libète nan Salvadò te di : "M kwè lemonn bèl epi pwezi tankou pen se pou tout moun". »

Pòl Larak divize ekriti literè-li an de gwoup : youn se pwezi-li-yo an franse, lòt la se pwezi-li-yo an kreyòl. Se koleksyon premye gwoup-la ki parèt nan ***Œuvres incomplètes***. Edisyon Memwa pibliye ann Ayiti powèm Pòl Larak-yo an kreyòl nan yon liv ki rele ***Lespwa***. Premye gwoup ladan-l se *Fistibal* ki te gen de powèm yo te pibliye nan *Optique*. Epi *Sòlda* *mawon*, Jan Briyè te tradui an franse ak *Tanbou libète* fòme yon lòt gwoup.

Anplis, Curbstone Press pibliye ***Open Gate - An Anthology of Haitian Creole Poetry*** Pòl Larak edite an kolaborasyon avèk Jak Hirchman. Liv sa-a se yon dedikas souvni pou Moriso Lewa pyonnye literati kreyòl ayisyen.

Avan li fini Pòl Larak raple pawòl Kal Maks sa-a yo : « Lè ideoloji penetre mas-yo li vin yon fòs materyèl yo pa ka reziste. » Epi li ajoute : « Konsa powèt-la se yon maj ak yon militan, yon pwofèt ak yon "guerillero de l'aurore" – yon konbatan douvanjou. »

Nap di Pòl Larak nou tande langaj powèt-la ki di lap « mouri avèk Ayiti epi Masèl nan kè-li » – Masèl se madanm cheri-li kansè tiye 15 novanm 1998. Men an konklizyon li di : « Malgre doulè ak soufrans lanmò, ekzil louvri pou nou pote lemonn ak pwomès lavi. »

Pòl Larak ale devan, men verite-li rete leson leson pou mwen. Tankou dedikas li ekri pou mwen nan liv-li-a, Lespwa : « n'ap sonje Ayiti, n'ap boule an kreyòl jouk sa kaba. »

Pawoli Pòl Larak nou rapòte anpati la-a te nan tèks li te voye banmwen Brouklin paske m'pat ka rete koute-li dimanch 21 oktòb 2001 lè Fondayon Memwa tap selebre rantre literè-li Franklin Square, epi zanmi Pòl yo tap chante « happy birthday » pou 81 anne-li.

Michel-Ange Hyppolite (Kaptenn Koukourouj)

Nou tout ki nan domèn lasyans konnen kretyenvivan pa la pou rete sou latè vitametènam. Sepandan, chak fwa jeneral lanmò frape epi trennen lavi nan peyi san chapo, se kòmsi se te premye fwa, paske pa gen pyèsmoun sou latè ki vrèman pare pou yo kase randevou oubyen abitid ak lanmò. Menmsi gen yon règleman natirèl ki di : Tout sa ki gen yon kòmansman dwe gen yon finisman, nou toujou rete kwè, lanmò dwe kanpe lwen-n. Se nan sitiyasyon sa a menm, nou twouve nou ak konbatan, konpayèl powèt parèy nou, Pòl Larak. Nèg konviksyon. Nèg ki te aksepte manje lekzil tan pou li te rantre nan danse kole ak okipasyon degize.

Pòl Larak te viv ak anpil bèl rèv. Yo tout te chita sou twa wòch dife: byennèt pou tout pèp sou latè, lanmou sou divès fòm ak lespwa revolisyon pou netwaye zantray Ayiti. Nan kèlkeswa lang Pòl Larak te chwazi pou li ekri a, se mesaj sa yo li te deplòtonnen nan lespri lektè li yo.

Lè nou pran lanmou chè pou chè nan *Les Armes quotidiennes*, anndan ***Œuvres incomplètes***, (p. 118) nou kab li :

Je t'appuie au poteau d'amour
J'ouvre la barrière de tes cuisses
La tête chancelle comme une tour
...
Dans l'herbe touffue de la douceur
Je t'ai montée
Je t'ai montée comme un loa
Je t'ai clouée à l'arbre de la douleur
J'ai hanté ta chair de ma joie

Nan ***Sòlda mawon***, (p. 40) Pòl di nou :

Ou vlope lan kò-m
Nou makònen ansanm
Tankou gason ak fanm
M'tounen koulèv

M'kouri sou zèb
Tankou zèklè nan syèl
...
Simbi metrès dlo
Fè wout pou nèg ou

Pou li koze ak nou sou fratènite, nan *Ce qui demeure*, anndan ***Œuvres incomplètes***, p. 24, Pòl Larak di nou :

Un sentiment innomé a gonflé la gorge humaine
Et crispé les nègres aux entrailles
Et glacé de peur les hommes blancs
Le vent qui brouille l'espace
Est tempête en mon âme
Mais voici l'espérance
Une voix sans couleur
Chargée de toutes les chaînes brisées
A remué le soir du monde
Et tout être de chair est labouré

Nan *Sòlda mawon* (p. 84, 86) li pral kontinye pou l'di :

Karayib bay l'Amerik Santral lanmen
L'Amerik Santral bay Nò ak Sid lanmen
N'ap fè yon federasyon ak tout pèp Karayib
...
P'ap gen yon ras
Men chak ras va fratènize ak tout ras
P'ap janm gen yon sèl klas
Men va gen yon sosyete san klas

Lè Pòl vle laye koze revolisyon an, li mete chemiz kouzen-l, li rale tanbou-l epi li di :

Tam-tam
Fleuve dont la colère trouve enfin le chemin de la mer
Tu brises les verrous de la peur

Tu fais sauter les écluses du silence
Pour dire seul la honte et la misère

Tam-tam
Leader lyrique du grand coumbite solaire
Ton chant assemble les matériaux de la cité
Les travailleurs plantant d'une main égale
Les piquets de grève
Et les arbres de la nouvelle ville

(*Les armes quotidiennes*, anndan ***Œuvres incomplètes***, p. 146)

An kreyòl se lanbi li soufle :

M'pral kanpe sou tèt Mòn Lasèl
Tankou yon sitadèl
Lanbi-m pare
Si larevolisyon an danje
M'ap soufle
Kannon va tire

(***Sòlda mawon***, p. 82)

Pawòl Kouzen Pòl Larak, se pawòl lanmou, revolisyon ak libète pou tout pèp k'ap soufri sou latè. Nou salye ou, Kouzen, ak kòn lanbi nou, epi n'ap kontinye woule petwo pou nou kanpe rèv ou nan kè sobadji verite. Kouzen Pòl, n'ap jete twa gout dlo pou ou. Nou espere ou va jwenn bon jan frechè nan vwayaj ou sou wout peyi san chapo.

Tontongi

Harvard rend hommage à Paul Laraque

L'Université Harvard à Cambridge, dans le Massachusetts, a rendu un très bel hommage au poète haïtien Paul Laraque, le vendredi 17 mai 2002 écoulé, à l'occasion du lancement à Boston de l'anthologie bilingue, ***Open Gate***, dont Laraque est le co-éditeur (avec le poète nord-américain Jack Hirschman).

Publiée en été 2001, l'anthologie continue de faire sensation pour être non seulement la première anthologie créole-anglaise de la poésie créole jamais publiée, mais aussi par le fait qu'elle aligne un groupe bien choisi de poètes qui utilisent la poésie comme une arme de combat. Laraque l'a dit sans travers dans son introduction : « *Nous avons mis l'accent sur la poésie militante en raison de l'affiliation progressiste de notre maison d'édition* [Curbstone Press] *et de notre lectorat, tout en donnant une image objective de la poésie créole haïtienne capable d'exprimer les plus profonds des sentiments humains et les idées les plus révolutionnaires.* »

Organisée par l'« Haïti Initiative », un programme de focalisation positive sur Haïti animé par la professeur Jill Netchinsky au Centre Rockefeller pour les études latino-américaines à Harvard, la rencontre a été salutaire à bien des égards. En convalescence due à une crise d'anémie qui l'hospitalisait pour deux semaines en mars dernier, Paul Laraque ne pouvait pas venir en personne à Cambridge. Un enregistrement vidéo de lui y a été branché. La vidéo montre un Paul Laraque animé, peut-être l'une des rares fois joyeux depuis la mort, en 1998, de sa femme Marcelle, sa campagne de quarante-huit ans. Dans un éloge d'adieu qu'il a écrit à l'époque dans *Haïti-en-Marche* à la mémoire de Mamour – le surnom affectueux de Marcelle – il implore : « *Mamour, toi qui fus en*

Mars celle qui m'a délivré. »

Les poètes Max Manigat, Denizé Lauture et Patrick Sylvain, publiés dans l'anthologie, ont été invités à Harvard pour rendre leur hommage personnel au poète révolutionnaire. Manigat, un ami de longue date de la famille, présente un profil de Laraque où il rappelle à l'auditoire certains faits importants de sa trajectoire publique et personnelle : Laraque jeune officier de l'armée d'Haïti sous le gouvernement de Magloire publiant des poèmes subversifs sous le pseudonyme « Jacques Lenoir » ; son exil d'Haïti par le gouvernement de Papa Doc en 1961; son engagement en exil dans la lutte politique pour changer la vie en Haïti ; le lauréat en 1979 du Prix Casa de las Américas décerné par Cuba pour ses poèmes rebelles en français ; la mort de sa femme en 1998, etc. (une perte dont Manigat avait observé l'ampleur désolante chez son ami). Il faut dire aussi que Manigat a joué un rôle central dans la publication des ***Œuvres Incomplètes*** de Laraque en 1998, et dans celle de l'anthologie.

Denizé Lauture, qui rencontrait Laraque beaucoup plus récemment que les autres (1993), relate l'amitié profonde qu'il a sitôt ressentie pour Laraque et qui s'est tout de suite développée entre eux. Il a lu pour l'auditoire deux émouvants poèmes qu'il a écrits pour lui et Marcelle. Dans le premier, « *l'arbre de la belle Marcelle* », il dit d'elle : *« le souffle puissant de ton cosmos poétique / rendra belle Marcelle immortelle / dans un poème-fleuve d'un demi siècle d'amour.* » Dans le poème pour Laraque, il compare celui-ci à une « raque » ou « rak bwa » dont les feuilles et fleurs et racines « sèmeront pour toujours la poudre de l'espoir et de la justice. » Manigat et Lauture avaient fait le voyage en auto de New York pour venir apporter leur hommage. Quant à Patrick Sylvain, il a projeté la vidéocassette de Laraque qu'il a lui-même filmée, et dans laquelle on voit Laraque et Danticat lisant tour à tour des poèmes bilingues de Laraque. Sylvain y a aussi lu des morceaux choisis d'un essai qu'il prépare sur les poètes et écrivains qui ont influencé son univers poétique : entre autres, Pablo Neruda, Walt Whitman, Yusef Komunyakaa, Carolyn Forchés, René Depestre, Paul Laraque.

Chantre de la poésie créole qu'il défend comme un

catéchisme, Sylvain indique dans le texte lu le rôle important que joue la poésie dans toute société, et qu'en dépit de la défaveur dans laquelle les Nord-Américains tiennent la poésie politique, comment, chez Laraque, la poésie et la politique vivent dans une relation d'interéchange qui va de soi et qu'il cultive délibérément et sans en sacrifier l'élément esthétique. Il n'est peut-être plus naturel aujourd'hui de voir Laraque et Depestre dans un même chapitre ; Depestre, qui a renoncé les plus généreuses et libératrices de ses idées de jeunesse, tandis que Laraque reste jusqu'à la fin fidèle à celles-ci : essentiellement l'idée que la révolution socialiste humaniste soit le meilleur remède aux maux et déprédations de l'exploitation capitaliste, de l'inégalité sociale et de la domination impérialiste.

La mort de Mamour l'avait beaucoup accablé. Comme il l'a dit à notre délégation d'écrivains venus à Queens, New York, une semaine auparavant pour le vidéofilmer pour la rencontre à Harvard, bien que la perte de sa femme ne lui ait laissé aucun goût à la vie, il décide qu'il ne se suiciderait pas, mais il ne ferait non plus rien pour allonger sa vie outre mesure. Toujours, nous dit-il, il veut rester intéressé aux choses du monde; le fait même de nous recevoir chez lui, à cet instant, en pleine discussion sur la politique, l'histoire et la littérature, en fait la preuve, a-t-il affirmé.

La délégation en question était composée de Patrick Sylvain, Edwidge Danticat, Dumas Fils Lafontant et l'auteur de ce reportage. Laraque était très heureux d'apprendre que Danticat serait de la partie : « C'est bien d'avoir une femme parmi tant d'hommes », plaisantait-il. Laraque était évidemment ému d'être l'objet d'admiration de notre groupe, particulièrement des égards de la célébrée romancière, qui a été très ravie de matérialiser une visite qu'elle lui avait promise. Il était probablement, et surtout, heureux que ses œuvres et efforts continuent de susciter de l'enthousiasme chez les différentes strates de la créativité haïtienne.

Dans l'interview, Laraque soutient l'idée de l'existence d'une littérature haïtienne multilingue, citant l'exemple d'Edwidge Danticat qui écrit en anglais. Il n'a pas écrit en anglais, dit-il, parce qu'il ne se sent pas avoir la maîtrise suffisante de la langue. C'était intéressant de voir Laraque et Danticat dans un même salon, deux générations de créateurs haïtiens, apparemment à l'antipode l'un de l'autre quant à la finalité de la littérature, mais partagés du même amour des lettres, de la mémoire nationale haïtienne, de la beauté ; Danticat affectueuse, déférente à l'endroit du grand poète, celui-ci paternel, généreux, respectueux envers la romancière. Il nous parlait de sa riche vie de combattant ; la symbiose dialectique qu'il opère entre la littérature et la politique, nous racontant des anecdotes sur André Breton, Magloire Saint-Aude, Hamilton Garoute, Jean Brierre, l'armée d'Haïti, etc.

Ce qui est évident dans la vidéo – et davantage durant la visite chez lui –, c'est la remarquable loyauté d'un homme aux idées et idéaux politiques de sa jeunesse même au-devant des plus dévastatrices adversités historiques. Malgré en effet les déboires et désillusions qui accaparent l'idéologie et les idéaux socialistes ces dernières décennies (notamment la dénonciation de Staline par Khrouchtchev, l'existence des camps de détention en Union soviétique, l'effondrement de l'Union soviétique, la période spéciale à Cuba, etc.), Paul Laraque demeure jusqu'ici fidèle à l'idéal d'une société libérée de l'exploitation de classe, des préjugés racialo-ethniques et de la domination impérialiste : « Je ne le verrai peut-être pas durant ma vie, mais je demeure convaincu que le socialisme triomphera un jour, » dit-il avec grande émotion.

Boston, mai 2002

(Publié pour la première fois dans *Haïti-en-Marche* du mercredi 19 juin 2002, Vol. XVI No. 20)

Frantz Latour

Soirée du souvenir pour Paul Laraque

J'ai déjà consacré cette rubrique à la mémoire de Paul Laraque, à l'occasion du premier anniversaire de sa mort le 8 mars de cette année (*Haiti Liberté* 5-11 mars 2008). Mais on n'aura jamais suffisamment trop fait, trop écrit, pour entretenir la flamme du souvenir, cette lampe éternelle de bel amour lunaire au chevet de la mémoire de Paul. Car il était et est encore une référence, une boussole, une étoile polaire pour tous ceux-là qui sont restés, dans la dignité et la verticalité de l'être, fidèles à la lutte pour la libération du peuple haïtien, fidèles au message à la fois humaniste et révolutionnaire de ***Gouverneurs de la Rosée***, fidèles à l'héritage péraltiste, fidèles à la poésie de Paul qui nous a ouvert, toutes grandes, les portes d'un bel espoir socialiste sur l'avenir d'Haïti et celui des peuples de toute la terre.

C'est dans cet esprit d'une flamme du souvenir à alimenter que ce dimanche 18 mai, date anniversaire de la création du drapeau haïtien s'est tenue au Bowery Poetry Club, à Manhattan, une soirée de présence fraternelle autour de la mémoire de Paul Laraque. Parents et amis ont joint leurs voix de chaude solidarité humaine pour laisser monter un chant vers les espaces cosmiques de lumière et de rêve où planent les ombres entrelacées de Paul et de Marcelle.

C'est à l'initiative du poète et proche ami de Paul, Denizé Lauture, qu'a eu lieu ce petit boucan d'amitié pour garder vivante la mémoire d'un bel échantillon d'homme qui est parti, laissant orphelins de son affection et de sa haute stature intellectuelle non seulement trois enfants, mais aussi un frère d'exil, des neveux et nièces, des petits-enfants, des amis de longue date et des admirateurs, parmi eux des intellectuels et des camarades de lutte.

La soirée a débuté avec les remerciements d'usage faits

par Franck Laraque qui a rappelé les trois *wòch dife* sur lesquels s'est fondée la vie de Paul : amour, liberté, révolution. Trois pierres brûlant du feu de la poésie, de la vie, pour qu'enfin « *commence le règne de l'homme sur l'univers* ». Règne de l'homme annoncé et amorcé par le *Don Quichotte* de « notre Amérique », Fidel Castro, « *fidèle à la flamme folle de la raison populaire* ». Rêve de l'homme fait réalité grâce au génie révolutionnaire, à la ténacité d'un homme dont le nom, « *courage d'un peuple et gloire d'une nation* [est devenu] *l'espoir d'un continent* ». Outre le poème *Don Quichotte*, et *Yon flanm dife* dédié à Jacques Roumain, Franck Laraque a partagé avec l'audience présente ce « billet » de Paul à lui-même « *Quand tu as la grâce* », ce condensé de vie de l'auteur et une sorte d'élégante révérence à une existence bien remplie, car :

Quand tu as la grâce d'avoir une femme avec qui partager
le pain quotidien de l'amour…
Quand tu as la grâce de croire que le poète est la conscience
du monde
Quand tu as la grâce de garder intact l'espoir que la liberté
règnera sur cette terre
il est alors temps de rendre grâce à la vie

Karèn Bogat, nièce de Paul, Marc Arena, petit-fils de Paul, les amis et camarades de lutte, Bob Garoute, Tonton Guy, Yves René, Dahoud André, Fanfan Latour, Berthony Dupont, et les poètes américains Greg Fuchs et Ed Friedman, ont chacun apporté leur note d'affection soit en déclamant des vers de Paul, soit en présentant de courts poèmes de leur propre cru, en créole, en français ou en anglais. De toutes les interventions, je voudrais signaler celle de Denizé Lauture disant le poème de Paul : *Yon sèl karès*. Cette seule caresse qui m'est entrée par tous les pores et a fait bondir de joie Laraque le sang roulant dans mes veines d'Haïtien :

Ak yon sèl karès
ou balanse
tankou bato

ak yon sèl karès
ou danse
tankou mambo

ak yon sèl karès
ou pliye
tankou rozo

ak yon sèl karès
ou vire
tankou topi

ak yon sèl karès
ou chante
tankou Simbi

ak yon sèl karès
ou pran dife
tankou Èzili

ak yon sèl karès
ou gwonde
tankou banbou

ak yon sèl karès
ou rele
tankou moun fou

ak yon sèl karès
ou vole
tankou lougawou

Cette agréable soirée du souvenir et de belle convivialité intellectuelle a pris fin sur un souhait, celui de se réunir encore l'an prochain autour de la mémoire de Paul, homme de « miraculeux amour », vieux nègre parti pour le dernier exil mais qui nous a laissé sa poésie quotidienne, source de courage, de dignité, d'honneur et d'espoir. Poésie quotidienne, vers et strophes de combat, images fulgurantes, armes quotidiennes au service de la révolution à naître pour enfin convertir le rêve en réalité.

Au firmament de notre mémoire collective, l'étoile-phare de Paul Laraque continuera de briller et de nous montrer la voie.

Le Nouvelliste

Le poète Paul Laraque meurt à New York

Le poète Paul Laraque est mort à New York le 8 mars 2007. Originaire de Jérémie, le poète était un ancien officier de l'Armée. Il connaît l'exil à deux reprises : en 1961 puis en 1991. Paul Laraque avait obtenu en 1979 le prix Casa de las Américas pour son double recueil de poésie : ***Les Armes quotidiennes / Poésie quotidienne***.

Né le 21 septembre 1920, Paul Laraque entre à l'Académie militaire en 1939. Il est devenu officier en 1941. Très intégré dans le milieu littéraire de Port-au-Prince, il est parmi ceux qui accueillent André Breton en Haïti en 1945. Cette rencontre avec le surréalisme français marquera toute la vie du poète. Tout en se réclamant d'un socialisme à visage humain, il revendique toujours son attachement au mot de Rimbaud qui veut « changer la vie ».

« *Pendant sa carrière militaire*, écrit le professeur Thomas C. Spear, *il parcourt le pays où il connaîtra les conditions intolérables de la vie des paysans pauvres. Il fait le choix du créole comme l'une de ses langues poétiques.* » Poète dans l'armée à l'époque de François Duvalier, il a l'ambition d'être la conscience patriotique de ses compagnons d'armes. En 1957, il garde la neutralité dans « les événements du 25 mai ». Il doit s'exiler à New York en 1961. Il perd la nationalité haïtienne suivant une décision politique de Papa Doc.

En 1986, il retourne en Haïti et recouvre sa nationalité haïtienne. En 1989, la famille Laraque s'établit dans la proximité de Port-au-Prince. En 1991, c'est le coup d'Etat contre Jean-Bertrand Aristide. Il part à nouveau en exil.

Durant sa vie de militant, de professeur et d'homme de lettres, il rencontre Fidel Castro, Nicolas Guillén, Langston Hugues, Ramsey Clark, C.L.R. James.

Rodney Saint-Eloi, éditeur de Mémoire d'encrier, à l'occasion de ce décès écrit : « *J'ai aimé par-dessus tout cet homme vertical qui sait dire non. Il aimait l'amour, la poésie et la révolution. Paul Laraque a combattu toute sa vie l'Occupation. Il est mort le 8 mars 2007 l'amertume au cœur.* »

Le poète Anthony Phelps pour sa part souligne que « *fidèle à Marcelle, sa femme, il a choisi la Journée internationale de la femme pour nous quitter. Depuis la disparition de Marcelle, le goût de vivre semblait l'avoir abandonné* ».

La littérature haïtienne vient de perdre une de ses figures les plus représentatives. A toute sa famille, à son frère Franck en particulier (auteur de ***La Révolte dans le théâtre de Sartre***), à ses amis et proches, la direction et la rédaction de *Le Nouvelliste* envoient ses condoléances les plus émues.

(Le Nouvelliste est un quotidien publié à Port-au-Prince)

Le Matin

Le poète Paul Laraque est mort le jeudi 8 mars à New York. Paul Laraque est né à Jérémie le 21 septembre 1920. Il entre à l'Académie militaire tout en développant par ailleurs son goût pour la poésie. Sa carrière militaire interrompue sous le gouvernement de François Duvalier, il part en exil. C'est à l'étranger qu'il publie l'essentiel de son œuvre poétique. Fortement marqué par le surréalisme et par l'engagement, il a écrit en français et en créole. Son double recueil ***Les Armes quotidiennes / Poésie quotidienne*** avait obtenu le Prix Casa de las Américas en 1979. Il a aussi publié ***Ce qui demeure***, 1973, ***Fistibal***, 1974, ***Sòlda mawon*** (avec une traduction de Jean Brierre).

Il y a quelques années les Editions du CIDIHCA avaient réuni un grand nombre de ses poèmes sous le titre ***Œuvres incomplètes***.

Très actif dans la vie culturelle de la diaspora haïtienne, Paul Laraque avait fondé l'Association des écrivains haïtiens vivant à l'étranger. Son œuvre poétique est dominée par les thèmes de l'amour et de la liberté.

Nos sympathies à sa famille, à la communauté des écrivains en général et aux poètes en particulier.

(Le Matin est un quotidien publié à Port-au-Prince)

Haïti en Marche

Memoryal pou Pòl Larak

Jedi swa ki te 15 mas 2007, pi gran sal nan Yannantuono Burr Davis sharpe Funeral Home nan Mount Vernon, NY, pa te gan plas pou li te kenbe moun ki te vini di zanmi nou, patriyòt ak powèt revolisyonnè, Pòl Larak, yon dènye orevwa. Fanmi-an te prepare yon pwogram pou penmèt anpil moun wè vanyan gason-an yon dènye fwa. Depi 3-è pou rive 8-è diswa pa te gan plas pou pike zepeng. 3-è pou rive 6-è sete ekspozisyon kadav-la; 6-è pou 8-è : memoryal-la. Men li :
Ouvèti ak mizik Martha Jean-Claude
Entwodiksyon
Temwayaj manm fanmi Pòl
Lekti pwezi
Mizik Marian Anderson
Temwayaj zanmi
Lekti pwezi
Mizik Martha Jean-Claude pou fini.

Se premye pitit gason Pòl, Max Laraque, ki swete nou byenvini epi majòjon pran direksyon evennman-an. Li bay Doktè Danièle Laraque Arena, pitit fi Pòl, lapawòl ki rakonte lavi papa-l ak rive twa timoun-yo Etazini lè yo ti katkat. Frè Pòl, asosye-li nan tou sa li t'ap fè, Franck, raple konviksyon ak devouman defen-an nan defann dwa sa y'ap kraze anba pye-yo. Plis pase 15 manm nan fanmi-lan te pale. Michaëlle Auguste, ki te sot Ayiti ak mari-l Clotaire Saint-Natus te mete dlo nan zye anpil moun avèk anpil moman ki fè nou pa andwa bliye potorik gason sa-a. An angle, an franse, an kreyòl, tout te pale menm pawòl-la. Nou pèdi yon gwo tèt se vre men li kite nou ak memwa travay-li, ekzanp renmen san kondisyon pou madanm-ni, Marcelle, pou fanmi-li, pou zanmi-li ak pou pèp ayisyen.

Pati pwezi-a konmanse ak reprezantan Sosyete Koukouy Nouyòk, Denizé Lauture. Pitit pitit Pòl, Marc Arena, yon powèt tou, fè sal-tranble nan voye gran papa-l monte. Bravo te fè mikalaw. Anpil zanmi Pòl te pale: Berthony Dupont, Tonton Gi, Mako Kénol, Dr. Albert Chassagne, Max Manigat ak lòt ankò. Papadòs te fè moun ri pou pa chape jan Pòl ta renmen nou ri-a.

Chèz pa te ase pou moun ki t'ap vide jouk memoryal-la fini. Mezon finerè-a te bije kite pwogram nan kontinye depase lè-a.

Nou di Pòl : « Ou pran devan; nou dèyè ap kontinye feraye. Chimen ou te balize-a n'ap suiv li jouk tou pa nou rive. »

(Mercredi 28 mars 2007, p. 19. Tigout pa tigout ak Jan Mapou)

Okazyon lanmò Pòl Larak Deklarasyon Sosyete Koukouy

Chak ekriven ki mouri se yon ja limyè ki file kite sobadji pèp la. Sepandan, menmsi yo pati, yo pa pèdi pou sa. Yo retounen leve nan plamen inosan ki pral kontinye trase vèvè lespwa sou modèl yo kite pou yo. Pòl Larak se lwa lespwa. Li pral kontinye danse nan tèt tyovi k'ap chèche limyè konviksyon ak entegrite menmjan ak li.

Soti nan ane 1950 yo pou rive nan dènye bout souf li, Pòl Larak te rete solidè nan batay pou vansman lang kreyòl la ak pou chanjman nan sosyete lakay la anba labanyè doktrin sosyalis. Pòl Larak se Kako douvanjou. Lè li te fin kite Lame Ayiti, li twoke bayonèt li pou plim nan defans kilti natifnatal la. Tankou li te di :

> « An jeneral [premye ekriven kreyòl] yo te gen de (2) rezon pou yo ekri an kreyòl, yon rezon natirèl: se lang yo, se lang pèp yo, se lang nasyonal yo; yon rezon politik: pou plen fose ki ekziste ant entèlektyèl yo ak mas yo, e bay pèp la yon avangad revolisyonè pou dezyèm endepandans lan. »

(Paul Laraque, prefas **Zile Nou**, *Michel-Ange Hyppolite, 1995)*

Dayè nan yon konferans li te bay nan Sant Kiltirèl Mapou nan Miyami, li te di premye Koukouy la se li, paske li te youn nan premye ekriven jenerasyon 1950 yo ki te louvri wout pou pwezi kreyòl la.

Konsa, menmlè kò li te kòmanse ap faya nou pa ka di li te bay legen. Lespri li te pran larelèv pou klere chemen-an bay lòt moun ki sou wout ap chèche kouray ak libète. Pa gen anpil moun nan kategori Pòl Larak. Chak kote yo pase, yo kite mak yo ki tounen fedatifis pou lespri k'ap chèche vanyans ak konviksyon. Se konsa, nan ***Sòlda mawon*** (1987), li ekri :

Yon lòt jou kòmanse
Kote m'rete
Pitit mwen va kontinye...

Se ak bèl pawòl lespwa sa yo, noumenm nan Sosyete Koukouy, toupatou kote nou tabli, ap di gran kouzen Pòl Larak, ale anpè ; ale jwenn madanm ou, Marcelle paske se nou tout ansanm ki pral kanpe sou tèt Mòn Wochas nan vil ou Jeremi pou nou woule tanbou banbòch kreyòl la nan non renmen ak libète pou tout pèp oprime sou latè.

Siyen : Sosyete Koukouy Canada ; Sosyete Koukouy Miami ; Sosyete Koukouy Tampa Bay ; Sosyete Koukouy Homestead ; Sosyete Koukouy Connecticut ; Sosyete Koukouy Ayiti ; Koukouy Boston ; Koukouy New Jersey; Koukouy New York.

Koukouy Miyami

Nan Miyami veye atistik pou gran kouzen Pòl Larak

Aktivite sa-a te fèt nan Sant kiltirèl mapou dimanch 18 mas depi 5-è rive pou 9-è diswa. Fanmi, zanmi Pòl Larak te sanble pou salwe ak respè memwa ekriven-an, memwa gran powèt-la.

Veye atistik-la kòmanse avèk lareverans. Laplas Jan Mapou mande silans. Silans total. Li mande pou yo bloke tout antre ak tout sòti. Siveyan yo ekzekite. Tout limyè etenn sof ti balenn ki te plase nan mitan tab yo ki te kouvri ak nap blan. Veye-a kòmanse. Koukouy Limoné Joseph pouse 5 kout lambi. Yolande Thomas bon zanmi Ti Pòl fè moun fremi ak vwa li nan yon ave maria espesyal pou sikonstans-lan. Pawòl yo pa te an laten tankou gran mèt mizisyen alman-an te konpoze-l, men an kreyòl, lang natif-natal. Doktè Haspril ki soti jouk nan ziltik pou te pote omaj li pou zanmi li Ti Pòl, te entèprete « Sonnerie aux morts ». Twonpèt-la rezonnen nan lè-a, tout je swe ak tristès brake sou Dòk-la ki te kanpe drèt ogadavou devan yon gwo postè Paul Laraque ki te ekspoze sou sèn nan nan mitan de gwo po flè ak yon balenn flanm etennèl. Fwa sa-a, dlo t'ap koule nan zye tout moun.

Jan Mapou monte sou lestrad la, li rakonte lavi Ti Pòl. Kibò li fèt, poukirezon li te twoke non batèm ni pou Jacques Lenoir; kibò li te fè etid li, pasaj li nan lame, rankont li ak André Breton, ekzil, Divalye, ki dezabiye-l, retire nasyonalite ayisyen-an sou li, li jounen jodiya tout moun rekonèt kòm nan youn nan pi gran Ayisyen konsekan peyi-a te genyen. Ti Pòl ki se premye ekriven ayisyen ki resevwa pri literè Casa de las Americas. Li te Sekretè Jeneral Asosyasyon Ekriven Ayisyen Lòt Bò Dlo. Epi, youn nan premye koukouy nan ane senkant yo ak Moriso Lewa, Klod Inosan, Emil Womè... te derape veritab literati ayisyen-an nan lang kreyòl la.

Aktè, chantè Sosyete Koukouy yo rantre an aksyon. Sou direksyon Kiki Wainwright, Koral Koukouy Miyami-an t'ap kwaze ak dizè yo k'ap voye pwezi Larak yo monte sou fòm wongòl; pwezi djanm ki soti nan liv Sòlda mawon ak Fitisbal. Sou refren : « Ti Pòl O ! W-ale ; kilè w-a vini wè-n ankò... w-ale. » Koral la chante Sòlda mawon, yon tranch powèm Larak nan liv ***Sòlda mawon***-an, Kiki mete melodi sou li e ki te gen gwo siksè nan pyès teyat Libète ou Lanmò (pyès Jan Mapou).

Annapre, pati atistik-la te poze pou piblik la te tande temwayaj 2-3 moun nan asistans lan. Dr Haspril te pran lapawòl pou eksplike kontantman-l pou l'te avèk Koukouy yo nan selebrasyon sila-a. Li salwe kouraj Paul Laraque ki lè lame d'Ayiti te eklate apre 25 mai 1957, te tounen yon militè avoka; li di nou Pòl te kanpe pou l'defann anpil nan militè yo te akize mal; ladan yo papa-l kolonèl Haspril. Fondation Toussaint Louverture te li yon mesaj pou okazyon-an tou.

Nou kapote sou pati franse-a. Yon lang Ti Pòl manyen tankou vyolon nan men blan franse. Kouzen Degoutan fè yon rale sou istwa André Breton ki te rantre an Ayiti ak kozman sirealis franse-a. Rankont Pòl ak André Breton. Enfliyans powèt la sou powèt Jacques Lenoir. Kouzen Degoutan defini sireyalis-la, kote li soti, sa l'vle di epi li eksplike kijan Ti Pòl te ranpli tout kondisyon yo nan zèv li ekri an fransè yo. Lanmou, libète, konviksyon ki se angajman pou militan batay jouk sa kaba pou yon demen miyò pou ti pèp nou-an enperyalis ap toufounen. Te gen yon bèl resital pwezi franse ki te debobinen dèyè bèl pawòl sila yo.

Te gen yon envite espesyal nan sware ya. Se te Sonia Pierre. Yon militan, yon aktivis k'ap goumen depi ti konkonm ap goumen ak berejenn pou vye frè ak sè nou yo y'ap maltrete nan peyi Sen-Domeng. Kote Ti Pòl ye-a nou sèten san-l bouyi nan venn ni lè Sonia tonbe rakonte ak dlo nan je tribilasyon Ayisyen yo nan batey Sen-Domeng yo.

Sware-a te tris. Men te gen lodyans pou detann piblik la. Aksyon dramatik sa yo fè titrip gwo trip leksplikasyon. Te gen bonjan timanje lakay: poul fri, griyo ak bannann peze, diri ak dyondyon... Epi yon bon te sitwonèl Mikette Wainwright te prepare pou asistans lan. Yon sware wololoy pou onore memwa yon gran Nèg, yon Atibon Legba, yon Gran Kouzen, yon Ayisyen Modèl pou nouvo jenerasyon-an. Ale nan lapè Gran Kouzen!

(*Degoutan, Koukouy Miyami*)

Casa della poesia

Cari amici,

Vi scriviamo per darvi una trite notizia. Purtropp un altro amico se n'è andato.

Dopo una lunga malattia, ieri ci ha lasciato, il grande poeta haitiano, Paul Laraque. Rimangono nella nostra memoria le sue straordinarie poesie, la sua bellissima voce, il suo impegno politico.

Paul faceva parte di quel primo gruppo di poeti di grande dimensione internazionale che hanno creduto ed aderito al nostro progretto.

Era nato a Jérémie, Haiti, nel 1920. Si era diplomato all'Accademia militare nel 1941, e aveva incontrado da giovane poeta, André Breton, a Port-au-Prince nel 1945 (questro viaggio di Breton ad Haiti era stato raccontato nel volumetto ***André Breton ad Haiti***, da noi pubblicata nel 1996).

Laraque scriveva in francese e in creolo. Era stato in esilio a New York dal 1961 al 1986, e privato della nazionalità haitiana nel 1964 per attività politiche contro la dittatura del Duvalier. Era stato professore di francese dal 1966 al 1985 e Segretario Generale dell'Associazione degli scrittori haitiani all'estero dal 1979 al 1986. È stato anche il primo francofono a ricevere il Premio Casa de las Américas a Cuba. Il suo secondo esilio era cominciato nel 1991 dopo il colpo di stato militare contro il governo costituzionale e popolare del Presidente Aristide, nel quale aveva anche perso il fratello, Guy. Ha pubblicato: ***Ce qui demeure*** (Montréal 1973), ***Fistibal*** (Montréal 1974), ***Les Armes quotidiennes / Poésie quotidienne*** (La Havane, 1983), ***Sòlda mawon / Soldat marron*** (Port-au-Prince, 1987), ***Camourade*** (Willimantic 1988), ***Le vieux nègre et l'exil*** (Paris, 1988), ***Fistibal / Slingshot*** (Port-au-Prince / San Francisco, 1989). Nel 1999, le sue opere poetiche, sono state raccolte in un volume dal titolo ***Œuvres incomplètes*** (Editions du CIDIHCA, Montréal).

Paul ci aveva fatto conoscere ad amare la poesia haitiana

e grandi autori come Jacques Roumain e Jacques-Stephen Alexis.

Nel 1994, la nostra Multimedia Edizioni ha pubblicato una sua bellissima raccolta dal titolo ***La sabbia dell'esilio***, tradotta dal poeta Giancarlo Cavallo. Negli Stati Uniti era stato tradotto da Jack Hirschman. Un altro mattone della Casa della poesia che viene a mancare.

Per ora è tutto, prossimamente ci impegneremo per far conoscere meglio, anche in Italia, la sua figura e la sua opera.

Un abbraccio solidale a tutti voi.

Raffaella Marzano Sergio Iaguilli
direzione@casadellapoesia.org

(Paul Laraque, *La sabbia dell'esilio*, [traduzione Giancario Cavallo], 1994; Paul Laraque, *André Breton ad Haiti* [traduzione Giancario Cavallo], 1996)

*****

En souvenir de Paul Laraque

Chers amis,

Nous vous écrivons pour vous donner une triste nouvelle. Malheureusement un autre ami est parti. Le grand poète haïtien Paul Laraque est mort à la suite d'une longue maladie. Ses poésies extraordinaires, sa très belle voix et son engagement politique resteront à jamais dans notre mémoire.

Paul faisait partie de ce premier groupe de grands poètes de renommée internationale qui ont cru et adhéré à notre projet.

Il naquit à Jérémie en 1920. Il était diplômé de l'Académie Militaire en 1941, et il avait rencontré le jeune poète André Breton à Port-au-Prince en 1945 (ce voyage de Breton en Haïti a été relaté dans un livret titré ***André Breton en Haïti*** que nous avons publié en 1996). Laraque écrivait en français et en créole. Il a passé un bon temps en exil et a été privé de sa nationalité haïtienne en 1964 à cause de ses activités politiques contre la dictature des Duvalier. Il a été professeur de français de 1966 à 1995 et Secrétaire Général de l'Association des Ecrivains haïtiens à l'étranger de 1979 à 1986. Il a été le premier francophone à recevoir le prix Casa de las Américas à Cuba. Son deuxième exil avait commencé en 1991 après le coup d'Etat militaire contre le gouvernement constitutionnel et populiste du Président Aristide, au cours duquel il avait perdu son frère Guy.

Il a publié ***Ce qui demeure*** (Montréal, 1974), ***Les Armes quotidiennes / Poésie quotidienne*** (La Havane, 1983), ***Sòlda mawon / Soldat marron*** (Port-au-Prince, 1987), ***Camourade*** (Willimantic, 1988), ***Le vieux nègre et l'exil*** (Paris 1988), ***Fistibal / Slingshot*** (Port-au-Prince / San Francisco, 1989). En 1999, ses œuvres poétiques ont été rassemblées en un volume sous le titre ***Œuvres incomplètes*** (Editions CIDIHCA, Montréal).

Paul avait fait connaître et aimer de grands auteurs comme Jacques Roumain et Jacques-Stephen Alexis.

En 1994, notre Multimedia Edizione a publié une très belle collection: ***Le sable de l'exil***, traduite par le poète Giancario Cavallo. Aux Etats-Unis, elle a été traduite par Jack Hirschman.

Un autre pilier de la Casa vient de nous quitter. Nous allons nous consacrer à faire mieux connaître son visage et ses œuvres en Italie.

Une accolade de solidarité à tous.

Rafaella Marzano Sergio Iagulli, Casa della poesia, samedi 10 mars 2007.

– VI –
Paul Laraque et René Bélance
(Un entretien avec Frantz-Antoine Leconte)

Entretien accordé par Paul Laraque et René Bélance le 17 juillet 1998 à Frantz-Antoine Leconte.

Le texte littéraire de Paul Laraque et de René Bélance s'accompagne d'un imposant cortège de griefs et de quêtes qui posent avec urgence les problématiques auxquelles sont confrontés la société et les gens qui la composent. Ainsi, doit-on se rendre au-delà de sa luminosité pour appréhender son rôle, sa nécessité et surtout sa mission éthique ou esthétique qui s'accomplit à partir des rouages d'un énorme mécanisme d'exploration sociétale tant historique qu'actuelle.

Que le texte soit poétique ou prosodique ou se situe dans le cadre d'un essai rigoureux, il ne perd jamais sa vocation première, mieux, cette habitude irréductible de faire avec bonheur la description des arcanes d'un monde en gestation dont les parties quelque distantes qu'elles soient finissent par se retrouver comme les pièces éparpillées d'un immense jeu de puzzle.

Inutile de décrire cette profonde joie intérieure que j'éprouve ce bel après-midi de juillet 1998 à Queens, quand après avoir sonné, Paul Laraque et René Bélance m'ouvrent la porte et m'offrent à entrer et m'installer dans un fauteuil confortable avec mon magnétophone que je vais brancher.

Leur large et généreux sourire et la gentillesse des premiers mots m'invitent à enfoncer le bouton.

J'ouvre le micro avec enthousiasme et beaucoup d'espoir.

Frantz-Antoine Leconte : Merci de m'avoir reçu. Parlons de Breton, de son voyage retentissant, de son influence dans les lettres, la culture et la politique en Haïti avec candeur. A-t-il été vraiment l'un des détonateurs de la crise de 1946?

Paul Laraque : Je voudrais d'abord vous remercier d'être venu chez-moi et en même temps accueillir mon ami - l'un de ceux qui ont été les plus fidèles - mon vieux frère René Bélance. Cela fait plus de cinquante ans depuis qu'on se connaît, René a été choisi par Pierre Mabille – qui était alors attaché culturel à l'ambassade ou à la légation de France – pour préparer une délégation et recevoir Breton à l'aéroport en 1945. Il a fait appel à moi et à d'autres. D'ailleurs, j'ai une photo que je voudrais vous montrer, qui avait paru dans *Conjonction* et que j'ai communiquée à un ami à Cuba. Il m'a dit, dis-moi mon vieux, c'est une photo surréaliste parce que Breton haïssait les militaires (rires) et te voilà en uniforme avec lui et il a accepté de poser avec toi. Et, je lui ai dit que c'est parce que Breton voyait au-delà des apparences. C'est l'une des qualités du surréalisme de percevoir la réalité et le rêve parfois mêlés au-delà des apparences. Et René et moi nous sommes allés ensemble. Il y avait une délégation : Edris Saint-Amant, Regnor Bernard, etc. On avait invité Roger Dorsainvil. Mais, il n'a pu être avec nous et d'autres que René avait touchés et qui pour une raison ou pour une autre n'avaient pu être présents, des Haïtiens, toi (s'adressant à René), Bernard, Saint-Amant et moi. Tout le monde en civil, sauf moi en militaire. Je n'ai pas eu le temps de me changer et pour ne pas perdre l'occasion, je suis allé tel quel. Et, je me suis dit, on me foutra à la porte, sinon, on m'acceptera.

F-A. L : Est-ce que c'était pas risqué?

P-L : Non, cela s'est bien passé. Et comme étrangers, il y avait Wilfrido Lam, poète cubain qui était de passage en Haïti avec sa femme à l'époque. Bien sûr Mabille et sa femme également, il y avait le représentant de la France M. Peignon. Je crois que c'est tout. Je vous ferai voir la photo plus tard.

F-A. L : Et Aimé Césaire, était-il aussi en Haïti à la même époque?

René Bélance : Lui, il avait précédé le voyage de Breton. C'est après le séjour de Césaire qui a duré quelques mois que Breton est entré en Haïti pour donner des conférences.

P.-L. : Césaire a donné plusieurs conférences dont certaines sur le surréalisme. Il a préparé le terrain à Breton.

F-A.L : Et la révolution de 1946, c'est important. Il a été, dit-on, un initiateur?

P-L : Non, il a été un détonateur. Car, la première conférence qu'il a donnée sur le surréalisme, a aidé à lancer *La Ruche.* Ce journal avait publié un compte-rendu de cette conférence qui a créé un vent de révolte. Il y a eu la grève générale qui est venue après. Et, c'était la révolution de 1946.

F-A.L : Dépestre a pourtant dit que Breton n'a pas déclenché cette révolution ?

P-L. : Disons qu'il y a eu plusieurs événements à concourir à ce que le surréalisme appelle un hasard objectif. Il y avait Breton. Mais même avant Breton, il y avait *La Ruche*, c'était un groupe de jeunes. Il y avait Jacques Alexis qui signait Jacques La colère ; René Dépestre qui était le rédacteur en chef et tout un groupe de jeunes qui revendiquaient au point de vue culturel, au point de vue national, au point de vue humanitaire, à tous les points de vue. Il y a eu cette conjonction. A l'arrivée de Pierre Mabille en Haïti, bien avant Breton, il y a eu contact entre Mabille et les jeunes de *La Ruche* parce que par la suite, on a fait croire – on a même dénoncé – au gouvernement de Lescot et à la junte militaire qui a renversé Lescot et qui lui a succédé que Mabille était l'un des instigateurs de la révolte des étudiants, n'est-ce pas ? Bon, je ne sais pas. Mais le fait est qu'il y a eu conjonction. Breton a nié qu'il ait été l'initiateur de ce mouvement. A son retour à Paris, on l'a interrogé à ce sujet. Mais certainement, il a été un détonateur comme René Bélance l'a dit parce qu'il y a eu un concours de circonstances. Césaire aussi avait beaucoup de contact avec les jeunes avant même la conférence de Breton au Rex Théâtre. Peu de temps après l'arrivée de Breton, le soir même ou le lendemain, il y a eu une réunion à Savoy, une réception organisée pour lui à son arrivée. Jean Brierre était là, René Bélance, Guy Clérié, et des représentants de *La Ruche*, particulièrement René Dépestre. Jean Brierre a fait deux suggestions à la fin de la réception. Premièrement désormais, il y avait le Vendredi d'André Breton au Savoy. Deuxièmement que le texte, la publication du texte du discours de Breton – il a prononcé un discours pour remercier et exhorté la jeunesse – soit donnée en exclusivité à *La Ruche*. Que s'est-il passé ? Puisque *La ruche* n'avait pas assez d'argent pour faire un numéro spécial au départ des invités, on a cotisé pour ce numéro-là. Et, moi, militaire, j'ai dû donner ma quote-part également. Et, c'est ce numéro qui a été saisi par la police. (Rires). A la première page de ce numéro spécial apparut le discours de Breton. Et, Elisa Breton des années après, quand l'œuvre complète de Breton devait paraître aux éditions La Pléiade, m'a écrit pour me dire qu'il lui manquait seulement ce discours de Breton. J'étais déjà en exil, j'ai écrit à mon frère Guy. René aussi était à l'étranger. Donc, Guy m'a fait avoir le discours.

F-A. L : Où est-ce qu'il a été publié?

P-L. : En première page de ce numéro spécial de *La Ruche* saisi par la police. Il y avait aussi d'autres articles… Mais, je n'ai jamais vu l'œuvre complète de Breton par La Pleiade. Cela doit coûter énormément cher. Mais d'après ce que Madame Breton m'avait dit, c'était le seul discours qui manquât.

F-A.L : A cette époque ou le surréalisme triomphait en Haïti, est-ce que les jeunes poètes, René Bélance et Paul Laraque ne s'intéressaient pas à ce mouvement ?

R-B : Nous étions intéressés à ce mouvement. On lisait tout ce qu'on pouvait trouver. On examinait le manifeste du surréalisme, le premier autant que le deuxième. Et, on écrivait chacun selon son orientation personnelle. On n'a pas copié le surréalisme. On s'est exprimé selon ce qu'on ressentait et les problèmes que l'on portait en soi, les problèmes culturels qui nous préoccupaient et à ce moment-là le surréalisme pouvait apparaître comme l'un des modes d'expression.

F-A.L : Et l'écriture automatique ?

R-B : Oui, Paul et moi, nous avons pratiqué pendant un certain temps les jeux surréalistes. Paul n'était pas à Port-au-Prince, il était à Hinche. On s'écrivait et on se disait tel jour, telle date, nous allons faire une phrase sur tel thème, tel sujet. Et puis on écrivait et on se communiquait. On faisait des découvertes extraordinaires.

F-A.L : Paul, on est sur la pratique de l'écriture automatique. Que peux-tu dire ?

P-L : Je vais dire avant même d'aborder la question de l'écriture automatique qui est liée au surréalisme en général qu'il n'y a pas eu d'école ou de mouvement au pays. On a d'abord enregistré ce qui passait pour être surréaliste. C'était surtout ce que les gens n'arrivaient pas à comprendre, mais un poète comme René Bélance, qui peut être rapproché du surréalisme, à mon avis, relève plutôt de Rimbaud.

F-A.L : Un peu de symbolisme ?

P-L : Mais surtout Rimbaud. Il est rimbaldien jusqu'à son dernier livre ***Nul ailleurs*** qui me semble être une réponse à Rimbaud qui dit que la vraie vie est ailleurs et Bélance lui répond « Nul ailleurs ». (Rires).

Pour moi, Magloire Saint-Aude remonte plutôt à Mallarmé. Et, comme Mallarmé, va être acculé au silence. Jacques Roumain dans sa préface à l'étude d'Edris Saint-Amand sur ***Dialogue de mes lampes*** a mentionné que la poésie de Saint-Aude était une machine anarchique et anti-bourgeoise, mais bourgeoise quand-même. (Rires). Anti-bourgeoise parce c'était pas un mouvement révolutionnaire. En comparant à Bélance, il a dit qu'il préférait la ferveur violente au désespoir un peu desséchant de Saint-Aude.

Quant à Garoute, il est venu un peu plus tard. René Bélance et Saint-Aude, comme on l'a souligné datent de 1941 et de 1941 à 1945. ***Dialogue de mes lampes*** sort (41-42). C'était fini. On avait d'abord « *Dialogue de mes lampes* » et « *Tabou* » et, longtemps après dans les années 50, « *Déchu* ». Il y a eu d'autres ballades, « *Tableau de la misère* », « *Parias* » et

« *Veillée* ». Pour René Bélance, c'était la même chose, à la poésie depuis 1941, « *Liminaire* », « *Survivance* », « *Pour célébrer l'absence* », « *Épaule d'ombre* » qui datent de 1945. A partir de 1945, René arrête d'écrire jusqu'à ***Nul ailleurs***. Quand il revient en Haïti avec ***Nul ailleurs***, c'était un ouvrage beaucoup plus volumineux que les autres. C'est que ça reprenait tous les poèmes qui avaient été écrits ou à Port-au-Prince après « Épaule d'ombre » et les autres poèmes écrits en exil ou à l'étranger ou aux États-Unis.

F-A.L : Comment peut-on célébrer l'absence, Ce n'est pas paradoxal ? (Rires).

R-B : C'est une question extrêmement intéressante pour moi qui marque un point de ma vie. Cela est dû à un rapport épistolaire que j'ai eu avec une Canadienne. Et puisqu'on est tombé amoureux au cours de la correspondance... Et un jour, elle m'écrit une lettre pour m'apprendre qu'elle s'était enrôlée dans l'armée canadienne, qu'elle allait partir pour l'Angleterre au cours de la 2ème guerre mondiale. Quand j'ai reçu la lettre, j'étais dans une classe à l'Annexe de l'Ecole Normale d'Instituteurs. J'ai donné du travail aux étudiants et j'ai écrit un poème pendant une heure. C'est ce poème là que Mercer Cook, après l'avoir lu, a envoyé à Marsha Stelling, une Américaine, une amie, pour le traduire en anglais. Une revue américaine *Port Folio* l'a publié.

F-A.L : Nous allons demander au poète Paul Laraque de lire un poème de René Bélance, si cela lui plaît.

P-L : Certainement. Je vais vous lire un poème de René Bélance. J'aurais pu lire de moi, mais c'est de lui le poème que j'aime le plus.

R-B : Je sais le poème qu'il va lire (rires),

P-L : Le premier poème de ***Épaule d'ombre***.

Vertige

Avec ton éveil à la joie,
Avec ta course irréfléchie,
Avec ta robe dans le vent,
Avec ton sourire émergeant
Comme une menace à mon inquiétude,
J'éternise mon feu comme une ferveur.
Avec mes sursauts énervants,
Avec mon rire de proscrit
Qui grince, heurtant ton extase-hébétude,
Et mes os exhumés de l'ossuaire,
Au scandale des châtelaines
Qui m'offrirent leur nudité
Ébroué de nul frisson,
Impassible à des yeux tourmentés d'aurore.
[sismale,
Je compose un songe d'enfer
Pour frôler ton corps,
électriser ta gorge consentante.
Certain jour de faste attendra l'abordage du
[paquebot
Amenant l'exilé sorti de prison.

Je te prendrai par les cheveux
Ah! Fiévreusement,
Pour te montrer,
Pendu,
Giflé,
Sifflé,
Affolé,
Egaré,
Et seul
cyniquement seul,
livré à la faim,
dans la baie des puanteurs,
devant les maisons de corruption

où l'on fabrique
des faiseurs de complots,
des postulants au forçat,
des enfants du salut dans la faim,
par la faim,
en haillons,
en ulcères,
et des hommes pour voyager en première,
des hommes pour aller pieds nus,
des hommes pour le home,
des hommes pour la hutte;
et puis des femmes,
des femmes pour les boudoirs,
des femmes pour les fumoirs,
des femmes pour pour les bordels,
des femmes pour causer des tueries, la
[banqueroute,
Des femmes pour l'anxiété des bijoutiers,
Des femmes pour la pitié…
Je te dirai tout l'aboi des mornes,
la plainte des ruisseaux endormis,
inoculé par les premières aiguilles d'hélium.
Je te conterai l'avortement
De chaque fruit
Sur la terre impassible, et
dosant, supposant chaque corps pour l'engrais de ses mamelles tentaculaires.

Je te ferai contempler
Une fenêtre ouverte sur la grève…

La terre tournera autour
De nos bras polaires
Et nous aurons le vertige des gravitations
le privilège de fixer
le changement des saisons,
l'influence de tes yeux sur les raz-de-marée,

le sommeil des pêcheurs,
le cauchemar de germination des alluvions,
Tu chanteras devant l'extase
Car tu ne construiras pas
Sur l'inquiétude et la soif.
Les chevaliers insoumis,
les coursiers de déserts communicables
inclineront jusqu'à tes pieds en porcelaine
leurs flèches,
leurs boucliers.
(juin 1944)

.Ovations nourries (Paul et René sont très émus)

F-A.L : Paul, René vient de nous expliquer qu'il a choisi la poésie et l'enseignement, une voie d'expression et une carrière.et vous, comment êtes-vous arrivé à la poésie ?

P-L : Dans mon cas, cela n'a pas été mon choix. La poésie m'a choisi. (Rires). Alors très tôt, sans savoir pourquoi, j'ai commencé à écrire. Je dois dire que j'ai appris mes premiers vers des lèvres de mon cousin germain Fernand Martineau, le poète. Il se voulait le poète exclusif de l'amour. Pour lui comme pour moi, la poésie est une question de vie ou de mort, comme l'amour et comme la liberté.

Pour reprendre un peu ce que René vient de dire. René pour moi est un ami de vieille date et à l'époque où nous n'étions pas encore mariés, il vivait chez mon père. Longtemps après, quand nous étions tous en exil, j'ai eu des problèmes avec mon fils aîné et je l'ai envoyé vivre chez René. C'est une vieille amitié qui a commencé peut-être à cause de la poésie, qui s'est entretenue de plus en plus, bien que notre conception de la poésie ne soit pas nécessairement la même. Il y a eu un point de rencontre sur le surréalisme, contenu dans mon livre qui doit paraître à la fin de cette année ou au début de l'année prochaine. Il s'appellera ***Œuvres incomplètes***. Ce recueil divisé en trois parties comprendra seulement ma poésie d'expression française, pas d'expression créole, pas non plus mes articles sur la politique. La tentation surréaliste, c'est pour moi ce qui a existé, non pas un mouvement surréaliste que nous aurions vécu, mais la tentation surréaliste d'abord par nos lectures et puis la présence cristallisante de Breton. Comme je l'ai dit dans un article « *André Breton en Haïti, un témoignage* », nous avons réalisé avec Breton les champs magnétiques dans la vie. (Rires).

F-A.L : Si je vous disais à vous deux que je n'étais qu'un simple amateur, un dilettante de roman et que je n'entendais rien à la poésie, que me diriez vous ?

P-L : Eh bien, je vous comprendrais, bien que je n'aie jamais été tenté par le roman de manière personnelle. Il faut avoir le don d'observation pour le roman et ça, je ne l'ai pas. La réalité me pénètre et reparaît sous une forme poétique des années après. C'est un processus parti du fond du subconscient, du fond de mon être.

F-A.L : René Bélance?

R-B : Je pense que c'est une question de personnalité. Il y a des tempéraments qui sont attirés par tel mode d'expression et d'autres par tel autre. Je dois dire que pour ma part, j'aurais pu aller à différentes activités, dans différents secteurs de l'art. J'aurais pu aller vers le dessin, la peinture et la musique…

F-A.L : Je comprends. Paul aurait pu faire autant car la poésie englobe tout et touche à toutes les sphères de la vie. Merci de m'avoir accordé cet entretien.

Paul Laraque et René Bélance : C'est à nous de remercier.

Notice biographique de Paul Laraque

Paul Laraque est né à Jérémie le 21 septembre, sous l'occupation américaine, de l'union de Franck H. Laraque et de Clarisse Léger, qui ont eu cinq enfants : Paul, Franck, Yolande, Guy et Ruby. Il fait ses études d'abord dans sa ville natale, puis à Port-au-Prince. Il entre à l'Académie Militaire en 1939 et en sort sous-lieutenant de l'Armée en 1941. Il épouse Marcelle Pierre-Louis en 1951, la compagne de sa vie. Ils ont trois enfants : Max, Serge et Danielle. De 1954 à 1956, il publie de nombreux poèmes dans la revue « *Optique* », sous le pseudonyme de Jacques Lenoir. Colonel et Assistant Chef d'Etat-Major de l'Armée dont il est la conscience, il est mis à la retraite fin novembre 1960 pendant la grève des étudiants. Il part pour l'exil le 5 mars 1961. Sa femme et ses enfants le rejoignent en 1962 à New York où il travaille dans un parc de stationnement de voitures tout en poursuivant ses études à Fordham University où il obtient sa maîtrise en langues romanes et est candidat au doctorat. Il enseigne le français à Fordham Preparatory School (1966-1985). Co-fondateur et secrétaire-général de l'Association des Ecrivains Haïtiens à l'étranger (1979-1986) il est l'un des principaux organisateurs du Festival Jacques Stéphen Alexis, en 1982, et de la commémoration en 1985 du centenaire de naissance de Charlemagne Péralte. Il fait partie du jury littéraire de la Casa de las Americas, en 1981, à la Havane où il rencontre Fidel Castro. Il est de la première génération des écrivains haïtiens d'expression créole qu'illustre aujourd'hui la Sosyete Koukouy. « *Prestij lang kreyòl nou an ak dwa pèp ayisyen, se youn sèl ak menm kòz Pol Larak defann san pran souf ak kout fistibal ki pa rate malfini an yo* » (Félix Morisseau-Leroy). Après 25 années d'exil il retourne au pays natal, à la chute de la dynastie duvaliériste (1986), et sa nationalité que l'exécrable dictateur François Duvalier lui avait illégalement enlevée lui est restituée. Marcelle et Paul s'établissent non loin de Pétionville, en 1989, dans l'espoir d'y rester définitivement. Il prépare les numéros 3 et 4 de la revue « *Rencontre* », consacrés à Jacques Stéphen Alexis (1992) et à Jacques Roumain (1993). Son deuxième exil commence en 1991 et se poursuit jusqu'à sa mort, en 2007, à cause de l'occupation multinationale d'Haïti. Ses œuvres ont été traduites en anglais, en espagnol et en italien. Il a été le premier à gagner, en 1979, le Prix de poésie, en français, de Casa de las Americas, avec son recueil ***Les Armes Quotidiennes/Poésie Quotidienne***. L'homme n'a pas démérité du poète.

Bibliographie

Les Armes quotidiennes/Poésie Quotidienne. La Habana : Casa de las Americas, 1979.

Poésia cotidiana/ Las armas cotidianas. Traduction de Nancy Morejon. La Habana : Casa de las Americas, 1983.

Solda mawon/Soldat marron. Edition bilingue. Traduction française de Jean F. Brierre. Port-au-Prince : Samba, 1987.

Camourade. Traduction anglaise de Rosemary Manno. Connecticut : Curbstone, 1988.

Fistibal/Slingshot. Édition bilingue. Traduction anglaise de Jacques Hirschman. Seaworthy Press, San Francisco et Samba, Port-au-Prince, 1989.

Le Sable de l'exil/La sabbia dell'esilio. Édition bilingue. Traduction en italien de Giancarlo Cavallo. Salerno : Multimedia Edizioni, 1994.

Œuvres Incomplètes. Poésie. Montréal : CIDIHCA, 1999, comprend presque tous les poèmes en français.

Lespwa. Port-au-Prince : Mémoire, 2001, comprend les poèmes en créole.

Haïti : La lutte et l'espoir. Paul et Franck Laraque. Montréal : CIDHICA , 2003.

Paul Laraque Vingt ans sous les drapeaux entre Marx et Breton. Anthony Phelps et Paul Laraque. Montréal / Productions Caliban, 2004.

Table des matières

www.ingramcontent.com/pod-product-compliance
Lightning Source LLC
LaVergne TN
LVHW090949080826
845145LV00003B/944